学前教育专业系列教材

幼儿园教师课件设计与制作

主编 ◎ 李鹏　丁名夫　崔素霞

中国书籍出版社
China Book Press

图书在版编目（CIP）数据

幼儿园教师课件设计与制作 / 李鹏，丁名夫，崔素霞主编. -- 北京：中国书籍出版社，2018.1
ISBN 978-7-5068-6700-9

Ⅰ.①幼… Ⅱ.①李… ②丁… ③崔… Ⅲ.①学前教育−多媒体课件−制作 Ⅳ.①G434

中国版本图书馆 CIP 数据核字(2018)第 024204 号

幼儿园教师课件设计与制作

李鹏　丁名夫　崔素霞　主编

责任编辑	肖　雪
责任印制	孙马飞　马　芝
封面设计	范　荣
出版发行	中国书籍出版社
地　　址	北京市丰台区三路居路 97 号（邮编：100073）
电　　话	（010）52257143（总编室）　（010）52257140（发行部）
电子邮箱	eo@chinabp.com.cn
经　　销	全国新华书店
印　　刷	蓬莱市新华印刷有限公司
开　　本	787 mm × 1092 mm　1 / 16
字　　数	180 千字
印　　张	9.5
版　　次	2018 年 1 月第 1 版　2018 年 1 月第 1 次印刷
书　　号	ISBN 978-7-5068-6700-9
定　　价	28.00 元

版权所有　翻印必究

学前教育专业系列教材
编审委员会

主　任：肖明胜
副主任：杨世诚　陈章侠　马培安
委　员：杨　民　王来圣　张丽丽　郑　清
　　　　赵　妍　田广庆
总策划：肖明胜　张同光　毕于民

本书编委会

主　　编：李　鹏　丁名夫　崔素霞
副主编：蔡程程　赵振华　孙一耕　田广庆
　　　　霍大涛　吕政豪
执行主编：杨世诚

前　　言

　　幼儿教师如何掌握现代教育信息技术，实现多方资源完美对接和融合，提高自身技能，目前成为许多学者关注的重要问题。《幼儿教师课件设计与制作》是学前教育专业基础课程，编者从教以来一直从事该课程的教学，教学过程中发现缺少一本系统、全面、实用的项目化体系结构的教材。因此该教材在编写体系方面试图将"掌握知识"、"发展能力"和"陶冶品德"模块融为一体，突出学生实践能力和操作能力的培养。在编写思路上，力图打破传统的章节结构，以项目体系来展现教学内容，以任务式促进学生的学习和能力的提高，以多媒体技术及其在计算机辅助教学与课件制作中的应用为主线，分别介绍幼儿教师课件制作的基本原理和基本方法。在编写特色方面突出学生"陶冶品德"的培养，注重学生动手实践能力的提升和审美情趣能力的培养。教材设有"资源拓展"和"自助餐厅"，供学生自主选择内容进行练习和实践，另外在教材的编写过程中将幼儿园教师资格证《综合素质》试题中与计算机信息技术相关内容蕴含其中，提升了教材的应用性。在幼儿教师辅助资源部分，把与幼儿教师相关的内容进行了分类整理，凸显实用性，为一线的幼儿园教师提供指导和帮助。

编　者

2017 年 4 月

目 录

项目一 幼儿园教师课件设计与制作基础 …………………………………… 1
    任务一 理论基础 …………………………………………………………… 2
    任务二 幼儿园课件在教学中的作用 …………………………………… 3
    任务三 幼儿园课件设计 ………………………………………………… 6

项目二 幼儿园教师课件制作素材处理 ………………………………………… 21
    任务一 课件制作文本素材处理 ………………………………………… 22
    任务二 课件制作图像素材处理 ………………………………………… 27
    任务三 课件制作声音素材处理 ………………………………………… 31
    任务四 课件制作视频素材处理 ………………………………………… 32

项目三 PowerPoint 2016 课件设计与制作 ……………………………… 42
    任务一 初识 PowerPoint 2016 ………………………………………… 43
    任务二 图片的设置与布局 ……………………………………………… 51
    任务三 声音与视频的处理 ……………………………………………… 62

任务四　动画的设计与操作 …………………………………… 68

项目四　Flash 8.0 课件设计与制作 ………………………………… 81
　　任务一　初识 Flash 8.0 ………………………………………… 82
　　任务二　Flash 8.0 基础动画制作 ……………………………… 93
　　任务三　Flash 8.0 复杂动画制作 ……………………………… 97
　　任务四　Flash 8.0 位图声音和视频 …………………………… 100

项目五　FrontPage 2003 课件设计与制作 ………………………… 114
　　任务一　初识 FrontPage 2003 ………………………………… 115
　　任务二　制作"幼儿课件制作"网页 ………………………… 120
　　任务三　修饰网络课件 ………………………………………… 126

项目一 幼儿园教师课件设计与制作基础

在"互联网+"时代背景下，一些早教机构如雨后春笋般的发展，借助互联网技术实现线上教学、特色化课程、个性化服务等吸引了大量家长的关注，并且在师资队伍、教学质量、业界口碑等方面已经逐步赶上甚至超过一般的幼儿园。幼儿教师如何掌握这些现代教育技术，实现多方资源完美对接和融合，提高自身技能，成为目前许多学者关注的重要问题。虽然很多幼儿园在教学、管理以及与家长互动中开始进行改变，但是对如何实现幼儿园与互联网紧密结合，还没有相对成熟的模式和方法，一直处于探索和思考阶段。提高幼儿教师信息素养和信息技术已经成为一个迫切解决的问题。

表 1-1 教学任务一览表

教学任务	掌握知识→培养能力→资源拓展。
掌握知识	了解课件设计的理论基础，了解课件在教学中的作用，掌握课件的内容与方法，学会对幼儿教师课件进行简单的评价。
培养能力	掌握现代信息技术，并应用于幼儿园课件中。
资源拓展	丰富幼儿教师信息技术资源。
自助餐厅	通过网络，浏览和查找优秀的多媒体课件，并进行设计分析。

掌握知识

课件设计与制作是信息化教学的重要组成部分，是幼儿园教师开展信息技术与课程整合的重要资源。多媒体课件直接运用于教师信息化课堂教学中，可以增强教学效果，提高教学效率。幼儿教师只有掌握多媒体课件设计与制作的科学方法，遵循多媒体课件应用规律，才能营造一种新型的教学环境，改变传统的以教师为中心的课堂教学结构，充分发挥幼儿的主动性、积极性和创造性，从而培养幼儿的探索能力和创新精神。

任务一　理论基础

现代学习理论、现代教育技术理论、现代教育信息传播理论、系统科学原理、学科教学原理等理论和原理是计算机辅助教学的理论基础，在幼儿园课件的设计和制作中要以这些理论和原理为指导。

一、认知主义理论

认知主义学习理论认为，人的认知不是由外界刺激给予的，而是外界刺激和认知主体内部的心理过程相互作用的结果。教师的任务不是简单地向学生灌输知识，而是首先设法激发学生的学习兴趣和学习动机，然后将当前的教学内容与学生原有的认知结构有机联系起来。学生不再是外界刺激的被动接受器，而是主动地对外界刺激提供的信息进行选择性加工的主体。认知行为主义理论代表人物皮亚杰将儿童的认知发展分为四个阶段：感知运算阶段、前运算阶段、具体运算阶段以及形式选择阶段。他认为在第二个阶段前运算阶段中幼儿的思维方式主要是具体形象思维，思维过程必须依靠实物的形象作为支柱，来认识外界事物。在幼儿园教师的教学过程中，能够通过提供形象的、直观的事物来吸引幼儿的兴趣，课件中的动画、声音和颜色能够吸引幼儿，激发幼儿的好奇心和求知欲。

二、行为主义理论

行为主义理论认为人们是在尝试并产生错误、认识错误、修正错误的过程中进行的，在这个过程中，人们受到某种刺激，会引起一定的反应。当这种刺激与反应的结合伴随着某种烦恼的情绪时，这种结合会削弱，愉快的学习行为比不愉快的学习行为更容易获得好的效果。好的学习效果给予学生一定的教学信息——"刺激"，学生做出操作性反应后，要及时给予强化，从而促进学生在教学信息与自身反应之间形成联系，完成对教学信息的学习。

按照行为主义有关操作性条件反射和积极强化的理论，斯金纳提出了强化学习理论。斯金纳设计了便于及时强化的程序教学机器和便于进行程序教学的程序。发展初期的CAI课件，就是利用计算机所实现的一种程序教学的教学形式。程序教学就是将教学内容按一定的逻辑顺序分解成若干小的学习单元，编制成教学程序，由学生自主学习。程序教学的特点是：小的学习步骤，自定学习进度，积极反应，及时反馈等。我们在开发多媒体课件时必须考虑如何根据学习内容，规定学生所能显现的行为目标，如何运用计算机多媒体技术的图、文、音、视、动和色彩的优势来吸引学生的注意力，给予学生适当而有效的刺激；如何将学习材料设计成一系列小单元，且单元间的难度变化逐步递进；如何让学生自己控制学习速度；如何实现适当的刺激，及时地强化和鼓励；如何提供多分支结构的学习序列和设计反馈评价，使其能够准确提供帮助的信息。行为主义学习理论的多媒体课件偏重于单一的知识传递，忽视了人们认知过程的主观能动性，所以仅依据行为主义学习理论框架设计的课件有很大的局限性。

三、建构主义学习理论

建构主义学习理论认为，学习是一种建构的过程。知识不是通过教师传授得到的，而是学习者与外部环境交互作用的结果。学习者在一定的学习情景下，借助他人（包括教师和学习伙伴）的帮助，利用必要的学习资料，通过意义建构的方式获得知识。也就是说，获得知识的多少取决于学习者根据自身经验去建构有关知识的能力，而不取决于学习者记忆和背诵教师教授内容的能力。它强调学习应以学生为中心，要求学生成为复杂的认知加工的主体、知识意义的主动建构者，这和只强调教师的"教"而忽视学生的"学"的传统学习有着本质的区别。

在幼儿园课件制作中，建构主义学习理论强调以幼儿为中心，不仅要求幼儿将外部刺激的被动接受者和知识的灌输对象转变为信息加工的主体、知识意义的主动建构者，还要求教师及其设计制作的课件由知识的传授者、灌输者转变为幼儿主动建构意义的帮助者、促进者。

任务二　幼儿园课件在教学中的作用

运用信息化教学手段能够促进幼儿各种能力的综合发展。幼儿在平时活动中，活泼好动、好模仿，有着极强的表现力。信息化课件声画并茂，视听结合，形象鲜明逼真且富于变化。幼儿通过观看、对比、理解，获得视觉和听觉上的愉悦，也为理解和掌握其内容做了铺垫，从而可以培养幼儿的观察能力和想象能力。幼儿园课件在教学中的具体作用表现在以下几个方面。

一、丰富的表现力

多媒体课件具有呈现客观事物的时间顺序、空间结构和运动特征的能力。英雄人物、名胜古迹、自然风光和历史事件都可以用多媒体生动地展现出来，各种自然或人造声音也可以用多媒体加以记录和重放。对一些在普通条件下无法实现或无法用肉眼观察到的微观现象，可以用多媒体以生动直观的形式模拟出来，增加学习者对抽象事物的理解与认识，引导学习者去探索事物的本质及内在联系；对一些枯燥、抽象的概念、复杂的变化过程和运动形式，以内容充实、画面逼真、声音动听的教学信息展现在学习者面前，增强教学效果，提高教学效率。通过多媒体展示，学习者感到客观事物的真实可信，有利于对知识的理解，可以显著地减轻学习者的认知负担，分解了知识的复杂度，有利于知识的迁移。多媒体课件呈现的形式可以是文本、图形、图像、声音、视频等各种单一形式，或者是几种形式的组合。

在课件中，多种媒体的组合使用，同时刺激着多种感觉器官，发挥各种感觉器官的优势，增加了学习者进行联想与想像的途径，有利于学习者的记忆、理解和创新。利用多媒体提供的声觉、视觉和双向交互能力，向学习者提供声、像、文等综合信息，有具体，有抽象，有检查，使学习者如身临其境，进入角色，使新旧知识间的联系更为紧密，为以后创造式的学习打下了良好的基础。

二、交互性强

多媒体课件不仅用多种形式记录了要传播的信息，更重要的是它还具有人机交互功能。它可以模拟教师的思维活动，能根据学习者输入的信息理解学习者的意图，指导学习者进行针对性的学习，解决了传统教学中学习者"两极分化"的难题，既允许成绩差的学习者进行补救性的学习，又允许成绩优秀的学习者进行更加深入的学习。由于学习是在心情舒畅、生动活泼和积极主动的环境中进行，不但活跃了学习者的思维，而且激发了学习动机，也提高了学习的兴趣。

利用交互，消除教学中的干扰，并按照学习者的记忆规律控制好信息量和信息传递速度，克服遗忘，从而达到优化教学的目的。利用多媒体的交互性，一是可以提高教学信息与干扰信号的比例，增强抗干扰的能力，避免教学偏离预定的目标；二是及时利用反馈信息，调整教学的深度与广度，保证学习者获得知识的可靠性与完整性；三是改变了传统教育中学习者始终处于被动和从属的地位，给学习者以自主权，在学习中，通过反馈信息进行自我调整，有利于学习者自我学习，为开发学习者的创造性思维提供必要的条件。

三、共享性好

随着高速信息网的不断延伸，课件所包含的教学内容可以通过连接在网络上的计算机进行相互传递，网络上的信息资源可以实现共享。多媒体课件，特别是大型多媒体课件是由教育专家、优秀教师和计算机技术人员共同开发的，它集先进教育思想、成功的教学经验与现代的多媒体技术为一体。以网络、光盘为载体的多媒体课件，不但图文并茂，生动有趣，而且知识的传播不受时间、地点的限制，学习不再局限于某一处，单位、家庭及社会都可以成为学习的"学校"。学习的时间可以根据个人情况加以选择。作为学校教育的延伸，多媒体课件将学习从课堂扩展到课后，从学校扩展到家庭。从光盘或网络中得到的教学信息，可以解决学习者在学习中遇到的各种问题，充分发挥学习者的主动性、创造性，使学习者"会学"知识，而不是"学会"知识。

四、更佳的知识组织形式

人类的思维方式，是一种非线性的网状结构。两个知识点间可以通过联想，用不同的途径建立起联系。在传统教学中，用教科书等媒体表达知识的方式，只是一种线性的顺序结构。思维方式与学习中知识存储方式存在着差异，导致需要额外的时间进行转换，教科书中各知识点间的联系表达得也不明显。将多媒体信息存储到各个结点，并建立每个结点与其他结点间的联系，形成网状结构，用各结点的图像、声音、文字等信息，调动学习者的多种感觉器官获得知识，加深对知识的理解与记忆。学习者通过对各结点间的自主航行，将分散于各结点间的有关信息联系起来，加强相关知识间的联系，将所学知识用于实际，做到学以致用。

五、有利于知识的同化

采用多媒体进行教学，首先可以强化信息传播的强度。用多媒体课件以不同的形式同时传播同一教学内容，各种媒体间相互补充，使知识地表达更加充分，更容易理解。其次，多媒体课件中的信息更容易提取和筛选。在教学中，将教师讲授的内容与多媒体的形象化处理相结合，使教师的讲授与多媒体的演示融为一体，将教学中抽象的问题具体化，枯燥的问题趣味化，静止的问题动态化，复杂的问题简单化，达到优化教学的目的。同时，多媒体课件也可用来对学习效果进行检测、检查。

任务三　幼儿园课件设计

课件的设计与制作是一个复杂的创造性过程，既要考虑课件的设计效果和设计规范，又要考虑幼儿的需求和艺术性，还要保证课件能够顺利地进行，使课件整洁美观、具有可操作性、界面风格友好、布局合理、媒体效果好、语言设计简炼、恰当、内容设计具有实用性，能够激发学生兴趣，让学生有满足感和自信心。

一、课件的结构

封面（片头）——课件的首页，首先应使学生明确这是一个课程的开始。封面包括课件的名称、制作单位、版本号、各种标志以及必要的说明等。

目录（主界面＋导航）——课件的目录给出课件的标题、教学内容题目、制作说明、帮助以及各种控制等。考虑画面的完整性和美观、协调，应选择与教学内容有关而又惬意的背景，教学内容题目不宜太多太密，若有必要可以设计二级目录、三级目录等。

页面——课件内容展示于页面。教学过程的实现及页面设计：页是显示器显示的一屏教学信息，是表达教学内容的基本单元。

封底——课件的结束页面，要使学生明确这是一个课程的结束。可以写上"再见"或"谢谢"等词语，也可以写上制作者、授课者的联系方式等，以方便听课者日后与其联系，进一步交流！

二、课件设计的内容

课件设计是对课件的内容和内容的呈现方式、应用的教学理论和教学方法、课件程序的实现方法和步骤、课件应用的目的、对象和运行环境等各方面进行的整体规划。课件设计的目的是为了保证课件符合科学性、教学性、程序性、艺术性等方面的要求。

课件设计的内容包括课件的教学设计、程序设计和艺术设计等几个方面。

课件的教学设计是课件的首要任务。课件是一种教学软件，课件的内容必须保证是与教学相关的信息，课件内容的形式、呈现方式必须符合教学媒体使用的规律和信息传播理论，幼儿园课件的执行过程必须符合幼儿的认知规律和教学规律，幼儿园课件采用的教学方法必须符合幼儿园教学理论和幼儿学习的特点，有利于幼儿掌握知识、形成技能。

课件也是一种计算机应用软件，需要符合计算机应用软件的一般要求。软件的核心是程序，课件程序是实现课件目的的手段。课件运行的稳定性和可靠性、课件的计算机资源的占用情况、运行的速度、界面的友好性和操作的简易性，是多媒体课件程序设计的基本内容。在幼儿园课件设计中要注意制作课件的软件占用系统资源的情况，尽量选用 Powerpoint 加 Flash 动画形式。

课件的艺术性设计是在课件教学设计和程序设计基础上对课件的艺术加工。课件的艺术性设计主要是设计课件的表现形式和视听效果，如画面的布局、背景，字的颜色、字体、字号，图形图像的颜色、对比度、亮度，音效和动画效果的使用等。在幼儿园课件的艺术性方面，要考虑到幼儿的审美教育和规律。如在大班科学活动《森林王国窃案》的课件制作时，森林的场景布局要有层次感，动物的角色动画要协调、真实，这样幼儿能够自然地进入游戏中，收到良好教学效果。

三、课件设计的流程

多媒体课件设计与制作的流程包括：选题、课件整体规划（需求分析、教学设计、结构设计、脚本设计、素材收集）、课件制作、应用与反馈、评价与修改五个循环的过程（如图 1-1）。

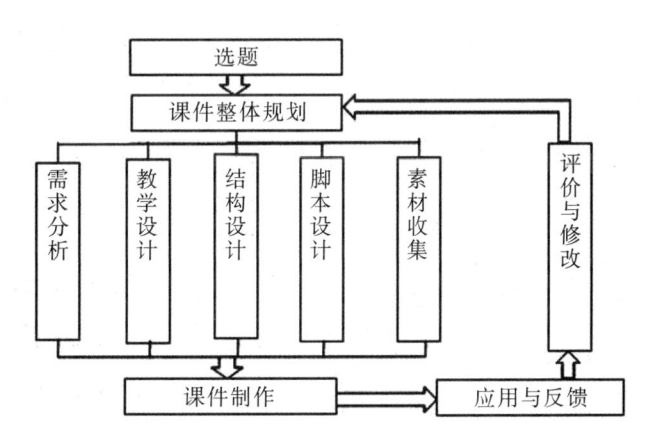

图 1-1 多媒体课件设计与制作流程图

（一）选题

多媒体课件是一种现代化的教育教学手段，它在教学中有其它媒体无法代替的优势，但我们使用多媒体课件时一定要适度，并不是每一节课都要使用课件，因此制作课件一定要注意选题、审题。一个课件用得好，能极大的提高课堂效率，反之，则只会流于形式，甚至起到相反的作用。

选题是创作课件的关键一步。多媒体这种现代教学手段具有一般教学媒体所不具备的优势，如：使上课形式更丰富，能提高学生的学习兴趣，特别是能再现用语言难以表达的内容和形象等。但这种优势也不是绝对的，题材选的不好，其优势不明显。有一些老师在选题时，喜欢选择一些比较简单、易制作的课题做课件，这样制作起来比较容易；但使用起来却不能达到预期的目标，使多媒体的优势得不到发挥。

（二）课件整体规划

课件的整体规划是课件的整体设计思路，是对课件设计的全方位把握和衡量。包括需求分析、教学设计、结构设计、脚本设计、素材收集等主要环节，色彩的搭配、字体字号的调整。

1. 需求分析

需求分析主要是分析课件开发的必要性及学习者的需求，避免因开发不当而引起人力、物力和财力上的浪费。需求分析也是前期分析，是对课件开发必要性、可能存在的问题、开发中的困难、成本经费、设备需求等关键问题的前期计划。需求分析是课件开发的必要环境，注重课件的选题和内容，需要综合考虑实际的开发条件，对课件的使用对象和运行环境进行分析，根据开发成本来具体判断课件开发的必要性、现实性和可能性。需求分析的内容重点包括以下几个方面：

（1）课件使用对象分析。

所要开发的课件要与学习者的年龄、认知特点和原有知识结构相适应。

（2）课件运行环境分析。

既要考虑课件的开发平台、计算机语言选用，又要考虑实际的教学环境和教学设备。

（3）课件成本分析。

是否需要购置新的设备段软件、人员组成以及推广成本。

2. 教学设计

多媒体课件的教学设计以需求分析为基础，应用系统科学的观点和方法，按照教学目标和教学对象的特点，合理地选择和设计教学媒体信息，在系统中进行有机地组合，形成优化的教学系统结构。它包括如下基本工作：教学目标与教学内容的确定、学习者特征分析、媒体信息的选择、知识结构的设计、诊断评价的设计等。教学设计要明确教学目标，教学重点、难点，反映教学的进程以及教学的树型结构，明确课件的类型，使用的最佳时期（多媒体课件在课堂上的使用，应符合学生思维的递进性和教学的连贯性，在恰当的时候切入课件）。

3. 结构设计

多媒体课件的教学设计确保了课件的教学性和科学性的要求。但如何将这些知识内容通过计算机灵活多样地呈现出来，如何设计最符合学习者认知规律的屏幕界面，发挥多媒体的优势，突破教学难点，突出教学重点，更优化地提供合作、交流工具，培养学生的能力和素质，这就需要对多媒体课件进行系统结构设计。多媒体课件的结构设计包括封面导言的设计、屏幕界面的设计、交互方式的设计、导航策略的设计。课件结构的设计直接关系到学习者的具体操作，涉及到多媒体课件的总体风格。

4. 脚本设计

多媒体课件设计工作完成以后，应在此基础上提出具体的脚本，将多媒体课件的教学思想和制作思路完整地表达出来，为多媒体课件制作提供最直接的依据。编写规范的多媒体课脚本，对保证课件质量，提高课件开发效率，具有重要的意义。

脚本一般包括文字脚本和制作脚本。文字脚本又包括教师的教案和文字稿本。制作一份优秀的课件，首先要求任课老师写出一份好的教案，而且是能体现多媒体优势的教案。

制作脚本就是把教学进程具体化。制作脚本首先要对课件进行整体构思，要将主界面和各分界面设计好，将用到的文字、图形、解说、音频、视频以及交互都要设计好，同时还要对播放课件的时间进行规划。

（1）文字脚本的构成与基本格式。

文字脚本一般由学科教师或经验丰富的学科专家根据教学设计的基本情况，按照教学过程的先后顺序，描述每一环节的教学内容，及其呈现方式。文字脚本体现了多媒体课件的教学设计情况，并且为多媒体课件的制作脚本编写打下基础。文字脚本的构成包括如下几个方面：

1）使用对象与使用方式的说明。

说明课件的教学对象、教学功能与特点以及课件的使用范围与使用方式。

2）教学内容与教学目标的描述。

说明课件的知识结构以及组成知识结构的知识单元和知识点，并详细描述教学的目标和要求。

3）文字卡片系列。

按要求填写文字脚本卡片，并按一定的顺序将卡片排列组合起来。文字脚本卡片一般包括序号、内容、媒体类型和呈现方式等，其基本格式如表1-2所示。

表1-2 文字脚本卡片的基本格式

序号	内容	媒体类型	呈现方式

① 序号。

序号是连接文字脚本卡片的符号标志，便于查找与翻阅。文字脚本卡片的序列安排是根据教学过程的先后顺序来决定的。依据知识结构流程图，我们可以划分各阶段的序号范围并按先后顺序将其排列。

② 内容。

内容，即某个知识点的内容或构成某个知识点的知识元素或与某知识内容相关的问题。

③ 媒体类型。

教师根据教学内容和教学目标的需要，结合各种媒体信息的特点，可以合理地选择文本、图形、图像、动画、解说、效果声音等各种媒体类型。

④ 呈现方式。

呈现方式主要是指在教学过程中，各种媒体信息出现的先后次序（先呈现文字后呈现图像，还是先呈现图像后呈现文字，或者图像与文字同时呈现等）和每次调用的信息总数（如图形、文字、声音同时调用，还是只调用图文，或只调用文字）。

（2）制作脚本的构成与基本格式。

制作脚本是在文字脚本的基础上，依据课件开发技术和设计思想改编而成的。需具体考虑所呈现的各种信息内容的位置、大小、显示特点（如颜色、闪烁、下画线、箭头指示、背景色、前景色等)、信息处理过程中的各种编程方法和技巧。制作脚本可以做为课件制作的直接依据。制作脚本的编写包括课件系统结构的说明、主要模块的分析、软件的屏幕设计、链接关系的描述等内容。

课件是以屏幕界面的形式将课件内容呈现给学习者并让学习者进行学习,每一屏幕如何设计、如何制作,都应有相应的说明。图1-2描述了屏幕界面的要求,并作为课件制作的依据。

根据图1-2所示的制作脚本卡片格式,课件制作脚本一般包括如下几个方面的内容:

1)类别。

多媒体课件是以超文本非线性的方式来组织课件内容的,所以制作脚本不像文字脚本那样严格区分先后顺序。但为了便于管理和制作,需按主要模块(或子模块)将相关的制作脚本卡片分类,并按一定顺序进行编排。

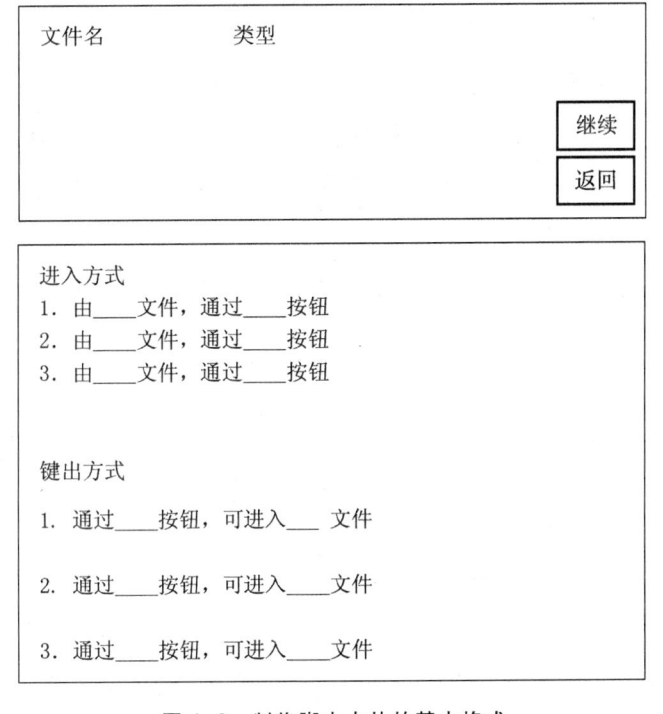

```
┌─────────────────────────────────┐
│ 文件名        类型              │
│                                 │
│                         ┌─────┐ │
│                         │继续 │ │
│                         └─────┘ │
│                         ┌─────┐ │
│                         │返回 │ │
│                         └─────┘ │
└─────────────────────────────────┘
┌─────────────────────────────────┐
│ 进入方式                        │
│ 1. 由____文件,通过____按钮      │
│ 2. 由____文件,通过____按钮      │
│ 3. 由____文件,通过____按钮      │
│                                 │
│ 键出方式                        │
│ 1. 通过____按钮,可进入____文件  │
│ 2. 通过____按钮,可进入____文件  │
│ 3. 通过____按钮,可进入____文件  │
└─────────────────────────────────┘
```

图 1-2 制作脚本卡片的基本格式

2)文件名。

文件名是对这一屏幕内容的命名。

3)屏幕画面。

屏幕画面是软件设计者对这一屏幕设计思路的体现。

4) 跳转关系。

在制作脚本中,可从"进入方式"和"键出方式"两方面来描述节点与节点之间的联系。一般采用如下语句来描述:

A. 由_____文件,通过_____按钮(或菜单、图标、窗口等)进入

B. 通过_____按钮(或菜单、围标、窗口等),可进入_____文件

5) 呈现说明。

主要说明呈现媒体的先后顺序和同一时间呈现媒体的种类数。

6) 解说配音。

注明要配音的解说词内容。

5. 素材收集

"多媒体素材"是多媒体课件中用到的各种听觉和视觉的材料,也就是多媒体课件中用于表达一定思想的各种元素,它包括图形、动画、图像、文体和声音等。搜集素材应根据脚本的需要来进行,素材的取得可以通过多种途经,如利用扫描仪采集图像,利用动画制作软件生成动画,用话筒输入语音等。

多媒体课件最核心的环节是制作合成。其主要任务是根据设计的要求和意图设计教学过程,将各种多媒体素材编辑起来,制作成交互性强、操作灵活、视听效果好的课件。这是技术性很强的工作,好在现在的多媒体编辑软件的操作使用越来越简单易学,为教师亲自动手制作课件提供了前提。目前,教师使用最广泛的多媒体开发平台是 Macromedia 公司的 Authorware。Authorware 的强大功能基于图标的开发环境,使得无论是专业的多媒体程序员还是一般的计算机用户都能开发出生动漂亮的多媒体作品来。由于具有强大的功能,所以 Authorware 多媒体开发工具已被广泛地应用于教学,如多媒体课件的开发、新产品的介绍等。不过,要熟练使用 Authorware,必须要掌握计算机的基本操作。对于刚接触计算机的教师来说,应该选择 Office 2000 套件中的 PowerPoint。PowerPoint 的操作极其简便,配套模板、素材丰富的"电子幻灯片"制作是 PowerPoint 的最大特色。

课件素材的准备工作要在课件正式开始制作之前就做好。素材的准备工作包括文本信息的录入与加工、图形图像的采集与加工、声音的采集与编辑、动画的采集与加工、视频的采集与处理。素材处理不仅要具有较好的品质,满足学习者观看学习的基率要求,符合多媒体学习的认知规律,还要充分考虑具体制作工具对素材格式和大小的要求。

（三）课件制作

1. 选择制作平台

根据教学内容的不同，根据素材的类别以及课件的开发要求，我们要选择适合表现课件内容的制作平台。目前主要有以下三种制作方式：

PowerPoint 是一种易学易用的软件，操作方法简单，它以页为单位制作演示文稿，然后将制做好的页集成起来，形成一个完整的课件。如果制作时间不充裕，结构比较简单，使用它能在短时间内编制出幻灯片类型的课件，具有较强的时效性。

Authorware 是课件制作者用得最多的软件之一，它最大的特点是交互功能非常强，而且它能把文字、符号、图形、图像、动画、声音、视频整合在一起，能充分体现多媒体的优势。还有很重要的一点是，它是以图标为基本单位，是基于流程图的可视化多媒体设计方式，一般不需要进行复杂的编程，所以用它制作课件也比较简单。

《几何画板》是制作数学课件的好帮手，它弥补了其它多媒体创作工具做图方面的缺陷，它不仅可以用点、圆规、直尺等工具精确的绘制几何图形，而且还能进行动态测量和计算，可以度量许多几何元素或图形的参数值，能在运动中保持给定的几何关系，在动态的几何图形变化中来观察、探索、发现不变的几何规律。

2. 制作课件

课件制作做为整个多媒体课件设计与开发的核心环节，必须以前面各个步骤为基础，选取合适的课件制作工具，遵循学习者的认知规律，充分发挥多媒体计算机的优势，做到界面美观舒适、操作灵活方便，以增强课件交互性，提升课件的视听效果，发挥多媒体课件的最大优势。

多媒体课件在制作完成后，需要反复调试运行，不断修改。课件只有从学习者使用的角度出发反复操作，经过多次的调试、运行，才能发现问题，逐步使课件趋于完善。

（四）应用与反馈

课件作为教学工具，是师生互动的载体，在教学的使用中要体现幼儿的主体地位，关键还在于教师课件的设计思想和制作如何发挥主导作用。

在强调幼儿是学习的主体的同时，不能忽视教师对教学的主导作用，教师的课件制作应当与"导"字相适应。课件要重视幼儿的需要、兴趣、积极性、主动性和创造性，减少教师的讲解，加大学生的实践，变单向交流为双向或多向交流。根据幼儿在主动学习过程中提出的建议进行修改，给予幼儿鼓励和支持。

编辑制作完一个课件后，一般要进行预演，拿到课堂教学中去检验，并由教师们（专家组）从课件评价的标准等方面进行评审，然后经过不断修改、补充、完善，直到达到最好的教学效果。

（五）课件评价

多媒体课件评价与修改贯穿整个设计与制作的始终。课件的最终目的是提供给学习者使用，多媒体课件成品应组织课件使用者（有时是课件的委托开发部门）、教学人员、教育心理学工作者、美术工作者和课件出版发行单位等有关人员，对课件教学内容的科学性和完整性、教学策略、屏幕布局、美工设计、人机界面和实用效果等进行评审。通过评价对课件存在的问题进行修改，待完善以后才能正式使用。

1. 基本要求

课件内容能够准确反映客观规律，符合科学原理，名词、术语和符号的使用符合相应的规范，符合幼儿园的教学规律，能够根据给定的素材，完成片段教学设计，内容相对完整，适合幼儿的年龄阶段。

2. 技术要求

课件能充分利用多媒体技术的优势和特点，具有较强的交互性、集成性和灵活性，能够适当处理文字、图片、声音、视频等素材，合理利用超链接、切换、动画效果等技术，操作简便，运行稳定，符合幼儿的学习规律。

3. 课件效果

教学信息的呈现层次分明、布局合理、重点突出、动静结合，教学信息和操作信息安排合理，色彩、音效等与教学内容具有一致性，程序运行的节奏符合教学过程的需要。

表 1-3　幼儿教师课件制作评价标准

序号	考核内容	考核要点	分值
1	科学性	课件取材适宜，内容科学、正确、规范，体现幼儿年龄和领域适用性。	20
2	教育性	教学内容设计完整，符合幼儿保教活动要求，结构清晰，能激发幼儿兴趣。	30
3	技术性	课件的制作和使用上，满足各项技术性要求。	30
		操作简单、快捷、交流方便，能较好服务于保教活动。	
4	艺术性	色彩协调，风格统一。	20
		画面设计新颖，富有童趣。	
评分档次		科学性高，教育性好，技术性强，富有艺术性，符合幼儿学习特点。	90~100
		科学性较高，教育性较好，技术性较强，富有一定艺术性，基本符合幼儿学习特点。	70~80
		科学性一般，教育性一般，技术性一般，艺术性一般，不太符合幼儿学习特点。	50~60
备注		该项课件内容不完整或提交未成功	0~40

培养能力

如何将 Office 高版本转换成低版本

有时候我们使用高版本的 Word 文稿编辑好了一篇文稿，但是朋友说他的电脑无法打开我们的文稿，一问才知道他的 Word 版本比较低，大家应该知道现在的软件都是向下兼容的，也就是高版本的可以打开低版本的，反之是不可以的。下面以 Word 2010 为例介绍一下转换的过程，其他 PPT、Excel 等都一样。

1. 装有高版本的 Office 的电脑

第一步：找一个装有高版本的 Office 电脑，打开要转换的文件，单击文件，如图1-3。

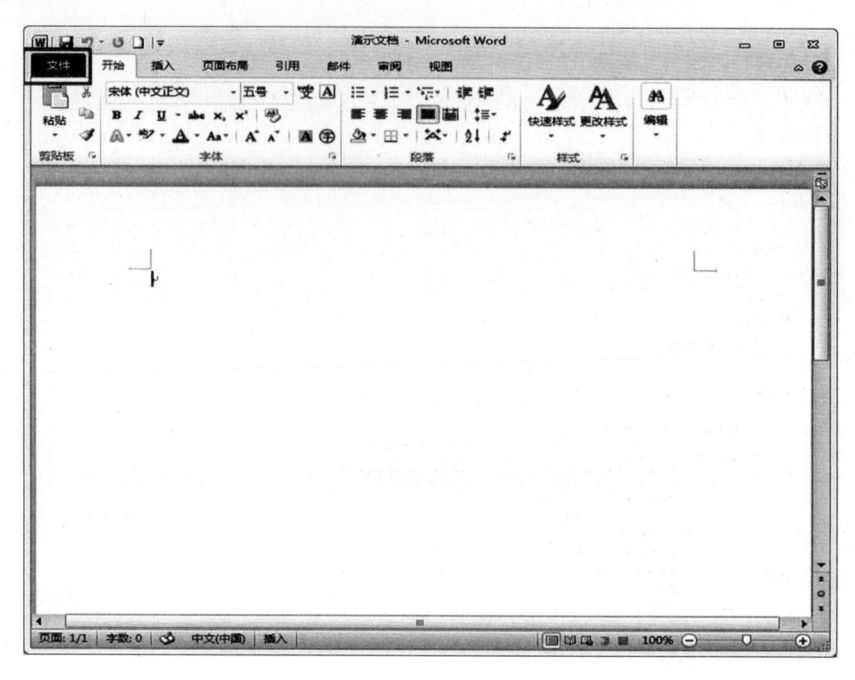

图1-3 文件菜单

第二步：单击另存为，如图1-4。

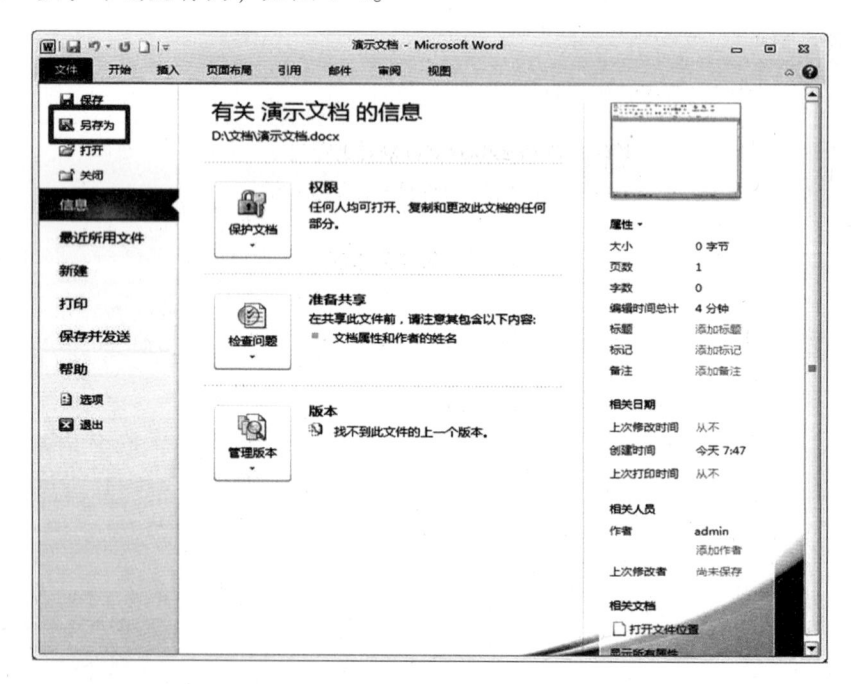

图1-4 另存为选项

第三步：单击保存类型，选择 Word 97-2003 文档，如图 1-5。

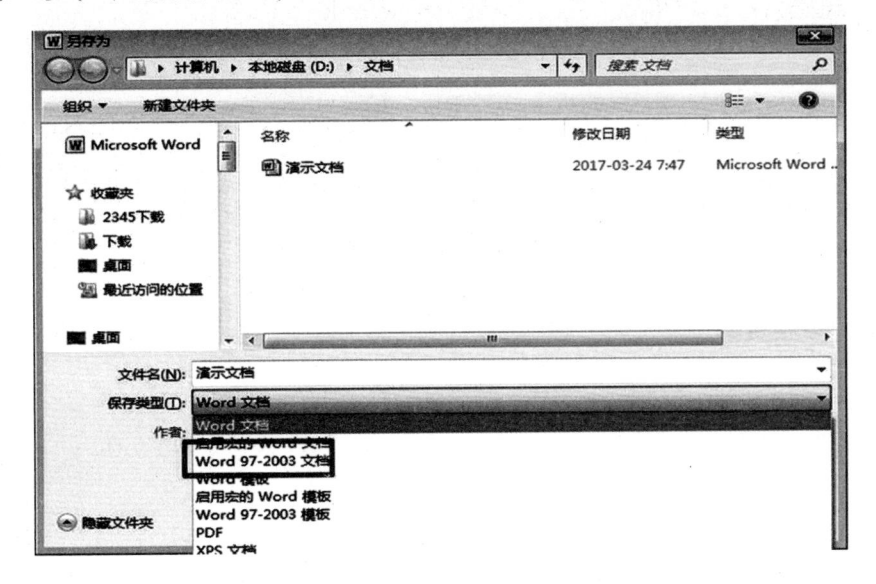

图 1-5　Word 97-2003 文档选项

第四步：保存。不选择路径时，会自动保存在源文件所在的路径。

2. 装有低版本 Office 电脑

第一步： 安装 Office 兼容包。

图 1-6　另存为选项

第二步：打开源文件，选择"另存为"，如图 1-7。

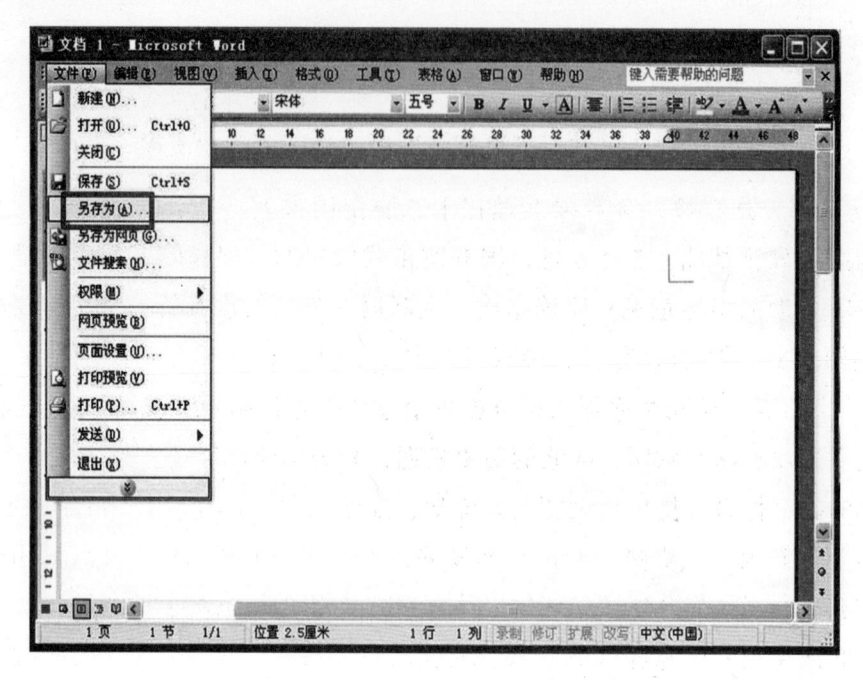

图 1-7 Word 2007 选项

第三步：选择保存类型"Word 2007 文档"，如图 1-8。

图 1-8

第四步：保存。

资源拓展

黎加厚：迎接"互联网+"时代的教师专业发展[①]

2015年3月5日，李克强总理在十二届全国人大三次会议上提出"互联网+"的国家发展战略。7月4日，国务院正式颁布的《国务院关于积极推进"互联网+"行动的指导意见》明确指出，互联网+教育的重点行动是探索新型教育服务供给方式，推动教育服务模式的变革。9月1日，教育部向各省市发布了《关于"十三五"期间全面深入推进教育信息化工作的指导意见（征求意见稿）》，高度重视国家实施互联网+战略的历史机遇，着力构建网络化、数字化、个性化、终身化的教育体系，提出建设"人人皆学、处处能学、时时可学"的学习型社会，培养大批创新人才，促进学生的全面发展，形成与教育现代化发展目标相适应的教育信息化体系，充分发挥信息技术对教育的革命性影响作用。

互联网+教育，意味着把互联网的创新成果与教育教学深度融合，提高教育的质量和效益，使教学更加个性化、教育更加均衡化、管理更加精细化、决策更加科学化。随着时代的不断变化，对幼儿教师的要求也在不断变化，所以幼儿教师必须抛弃传统教育中的一些陋习，促使自己富有创新精神和实践能力，积极运用现代教育技术和创设教育环境，"因材施教"、"因性（别）施教"的目的都能得到更好的体现。孩子可依据自己的能力选择软件的难易程度，逐步学习，逐步提高，所有这些都对幼儿教师提出新的挑战。事实上，目前相当多的幼儿园离信息化的要求还很遥远，胜任教育信息化的幼儿教师还相当缺乏。教育信息技术为幼儿园教育教学提供了前所未有的新天地。现代电子教材画面色彩鲜艳，形象直观，富有动感，受到孩子们的喜爱；计算机辅助教学是一种真正的交互式学习，能够充分体现"让幼儿主动学习"的目的，因此，把孩子领进计算机教室，孩子那种专注的程度、主动参与、主动学习、主动探索的精神是其他传统教学手段所达不到的。

[①] 黎加厚：迎接"互联网+"时代的教师专业发展 [J]，中小学信息技术教育，2015，(10)：8-10.

自助餐厅

1. 通过网络，浏览、查找并观看信息技术整合视频课例，分析多媒体课件制作的作用及如何应用。
2. 通过网络，浏览和查找优秀的多媒体课件，并分析其类型、设计思路和优缺点。
3. 选择合适的选题，进行需要分析、教学设计和结构设计。

参考文献：

[1] 祖国强.幼儿园多媒体课件设计与制作基础［M］.复旦大学出版社，2011，001-003.
[2] 周媛，吴文春.多媒体课件设计与制作基础［M］.电子工业出版社，2013，12-13.
[3] 第一范文网 http://www.diyifanwen.com/kejian/youeryuankejian/.
[4] 中国幼教论坛 http://bbs.chnkid.com/forum.php?mod=forumdisplay&fid=496.

项目二 幼儿园教师课件制作素材处理

多媒体素材是指多媒体课件以及多媒体相关工程设计中所用到的各种听觉和视觉工具材料。多媒体素材是多媒体课件的基本组成元素，是承载教学信息的基本单位，它包括文本、图形、图像、动画、视频、音频等。多媒体素材的采集与处理是一个比较复杂的过程，既要求美观，符合课件的整体风格，具有较强的艺术感染力，又必须考虑容量大小、格式以及是否适用于所选的课件制作工具，另外还要求符合幼儿认识事物的规律和认知特点，因材施教。多媒体素材不同，采集与处理的方式也不同。

表 2-1 教学任务一览表

教学任务	掌握知识→培养能力→资源拓展。
掌握知识	掌握多媒体课件素材对文件素质、图像素材、声音素质、视频素材的处理。
培养能力	培养幼儿教师收集素材和处理素材的综合实践能力。
资源拓展	利用"格式工厂"转换格式。
自助餐厅	根据社会领域《着火了怎么办》和科学领域《种子的旅行》制作主题课件。

掌握知识

在课堂教学中，以多媒体课件的形式，对文字、图形、图像、声音、动画以及视频等多媒体信息进行整合，可使教学信息在短时间内作用于学生的感官，使学生产生一种前所未有的深刻感受，使教学活动事半功倍。一个成功的多媒体课件，除了要有优秀的课件脚本和结构设计之外，还必须将素材非常恰当的进行处理，建立信息间的逻辑结构和连接，丰富思想和方法，特别是在幼儿园中，文字和图像对于学生的思维有着最为直观的冲击，正确地整合素材，才能使多媒体课件与教师的授课相互印证，起到辅助教学的效果，大大调动学生学习的积极性，让学生在身心上有更形象生动的体验，从而更好地开展情景教学、体验教学。

任务一　课件制作文本素材处理

由于幼儿年龄小、阅历浅、语言文字理解力弱，课件中在使用文本素材时应符合幼儿形象思维的特点，字号要大，字体以活泼的幼圆字为主，字的颜色以鲜艳的暖色调为主，如红、黄两色。文字最好以逐字、逐行的运动形式呈现，并配以悦耳的音响效果。

一、文本含义

多媒体素材中文本素材是最基本的素材，是指带特定格式的文字，即具有字体、字号、字型、颜色等效果的文字称为文本。与其他素材相比，文本具有易处理、占用存储空间小的特点。文本是文字、字母、数字和各种功能符号的集合。在现实生活中，人们对事情的讲述、逻辑的推理、数学公式的表述等都主要用文字和数字来准确的表达。在多媒体应用系统中，虽然有图形、声音、视频影像等多种媒体形式，但是对于一些复杂而抽象的事件，文本表达却有它不可替代的独到之处。

多媒体课件的编辑合成工具多以 Windows 为系统平台，在制作文本素材时，应尽可能采用 Windows 平台上的文字处理软件，如写字板、WPS 及 Word 等。

二、文本的类型和特点

为满足用户对文本编辑不断提高的要求，市场上涌现了许多文字处理软件以及出版、印刷程序和电子排版系统。文本的格式主要是由所使用的文字处理软件决定的，目前流行的文字处理软件种类繁多，不同的软件生成的文件格式各不相同。当使用不同的文本编辑软件编辑文本时，系统通常会采用默认的文本文件格式来保存文档。如字处理软件 MicroSoft Word XP/2003 的默认文档格式为 DOC，MicroSoft Word 2007/2010 及以上版本的默认文档格式为 DOCX，当然该软件还支持另外一些流行的文本文件格式，如 TXT、RTF 等。下面介绍几种比较流行的文本文件格式：

1. TXT 格式

TXT 是纯 ASCII 码文本文件，纯文本文件除了换行和回车外，不包括任何格式化的信息，即文件里没有任何有关文字字体、大小、颜色、位置等格式化信息。Windows 系统的"记事本"就是支持 TXT 文本编辑和存储的文字工具程序。所有的文字编辑软件和多媒体集成工具软件均可直接使用 TXT 文本格式文件。

利用纯文本不含任何格式化信息的特点，我们可以比较方便地实现一些图形表格文字的转换，例如，从网页上下载的文字资料一般都包含有格式控制，如果直接下载到 Word 等字处理环境中，会带有一些不需要的格式符号，常含有表格形式，通过"记事本"等工具，将下载的文本资料转换为纯文本后再导入 Word 中，会使排版变得轻松快捷。

2. WRI 格式

WRI 是 Windows 系统下的写字板应用程序所支持的文件格式。

3. DOC 格式（DOCX 格式）

DOX 格式（DOCX 格式）是 Microsoft Word 字处理软件所使用的默认文件格式，其中可以包含不同的字符格式和段落格式。

4. RTF 格式

RTF 格式即 Rich Text Format 文件格式，是一种可以包含文字、图片和热字（超文本）等多种媒体的文档。在 Macromedia 公司的多媒体开发软件 Authorware 6.0/7.0 中就可以直接对 RTF 格式文档进行编辑，并且通过 RTF 知识对象对其使用。在 Windows 系统下，可利用写字板应用程序创建 RTF 格式的文件，另外，在 Microsoft Word 字处理软件中也能将文档保存为 RTF 文件格式。

5. WPS 格式

WPS 格式是金山中文字处理软件的格式，其中包含特有的换行和排版信息，称为格式化文本，通常只在 WPS 编辑软件中使用。

WPS 文档与 Word 文档可以进行相互转换。

（1）WPS 文档转换为 Word 文档。

常见的 WPS 文档可以直接在 WPS 应用程序中转换为 Word 应用程序使用的 DOC 格式文档。

操作方法是：启动 WPS 应用程序窗口，打开要转换的 WPS 文档，然后选择【文件】菜单中的"另存为"命令，打开"另存为"对话框，然后在其保存文件类型列表选项中选择"Word 文档（*.doc）"，按下【保存】按钮即可转换。

（2）Word 文档转换为 WPS 文档。

在 Word 2000 应用程序中也可以直接打开 WPS 文档，其方法是：在 Office

2000安装盘中找到 "\PFiles\Common\MSShared\TextConv" 文件夹中的 WPS 2000 转换器程序 "WPS2Word.exe"，双击可以自动为 Word 2000 安装 WPS 2000 转换器。安装成功后，启动 Word 并单击【文件】菜单中的"打开"命令，就会在"文件类型"列表框中找到"WPS DOS file 导入"和"WPS file（*.wps）"选项。利用这一转换器，可以打开 WPS 2000/97 的所有文档，并且会保留原文件的大部分格式信息和嵌入对象。

Word 文档与 WPS 文档的相互转换能够保持原文档的基本格式，但某些特殊格式，如 Word 中的艺术字、WPS 中的稿纸等等在转换中则无法保持。有时也会因为版本的问题在转换时出现问题，软件开发是向下兼容，简而言之 Word 2000 的文档不能在 WPS 97 系统上转换，但可以在 WPS 2000 及以上版本上转换。

6. PDF 格式

PDF 格式通常用于技术规范文件、白皮书、研究报告和电子期刊等文档资料。PDF 格式文件用 Adobe Reader 阅读器打开（Adobe Reader 由 Adobe 公司免费提供下载）。

选用文字素材文件格式时要考虑课件集成工具软件是否能识别这些格式，以避免准备的文字素材无法插入到课件集成工具软件中。

纯文本文件格式（*.txt）可以被任何程序识别，"*.rtf"格式的文本也可被大多数程序识别。

三、文字素材的采集与处理

与其他媒体素材相比，文字输入方便、容易处理。从操作方式上来看，文字采集主要可分为两类方式：自然输入和键盘编码输入。通过构建 OCR 文字识别系统和语音识别系统，可以实现文字的自然输入，这是文字输入的最理想和快捷的方式。但目前技术上还不够完善，还不能完全满足实际需要。而键盘编码输入则是根据文字的读音或文字的基本结构将文字编成与之对应的数字代码或字母代码输入计算机。下面将介绍文本信息采集的有关内容。

文本信息输入、采集的方法主要有以下几类：

1. 键盘输入方法

键盘输入法是利用键盘，按照一定的编码规则来输入汉字。这是最早采用的文本输入方法，也是现在计算机进行文字输入最普遍的方式。其中，英文字符可以直接从键盘输入，无需编码；汉字输入则必须对汉字编码，可以根据汉字的读音或基本形状用数字或英文字符编码。常用的有"搜狗输入法"、"微软拼音输入法"、"五笔字型输入法"等。汉字输入法种类繁多，而且新的输入法还在不断涌现，各种输入法各有特点，功能也不断增强。

键盘输入文本的优点是方便快捷易修改，并且不需附加录入设备，缺点是由于使用键盘输入文字通常需要理解和记忆对应的中文输入法的编码规则，因此输入速度较难提高。

对于键盘输入法来说，都需要使用者经过一段时间的练习才可能达到基本要求的速度，至少用户的指法必须熟练才行，因此，现在文本输入新技术正向着自然输入的方向发展。

2. 语音输入方法

随着计算机技术的发展，信息的大量输入仅仅通过键盘来完成已经不能满足人们的需要，让计算机能听懂人类语言，或是用语音来控制各种自动化系统，是一种最理想的信息输入选择。

语音输入法，是将声音通过话筒输入计算机后直接转换成文字的一种输入方法。利用语音识别技术，计算机能迅速、自然地把读入计算机的声音信息转换成计算机中的文本。

语音输入法在硬件方面要求电脑必须配备能正常录音的声卡和录音设备，安装语音识别软件。在调试好麦克风后，即可以对着麦克风进行朗读录入。如果普通话不标准，可用语音识别软件提供的语音训练程序，进行一段时间的训练，让软件熟悉朗读者的口音后，就可以通过讲话来实现文字输入。识别软件将录入的语音信号识别转换为数字文本，实现语音文字输入。目前，语音识别技术整合较好的是讯飞输入法，它集语音输入、手写输入、拼音输入、笔画输入、繁体输入于一体。

语音输入方法的优点是可以快捷、自然地完成文本录入，可减轻用户使用键盘输入的疲劳；缺点是错字率仍然比较高，特别是一些未经训练的专业名词及生僻字，因此要求录入者发音比较标准，还需要先使系统适应录入者的语音语调，再者在公共场合或比较安静不能出声的场合不方便使用。语音输入法的应用在智能手机上更为普遍常见，比如走路或开车时。

3. 联机手写识别输入

手写输入法是一种用特制的感应书写笔，在与计算机接口相连的手写板上书写文字来完成文本输入的方法。它符合人们用笔写字的习惯，只要将手写板接入计算机，在手写板上按平常的习惯写字，电脑就能将其识别显示出来。

联机手写识别输入法中，计算机之所以能感受到手写的笔划顺序，达到识别文字的目的，是因为手写板结构中使用的电阻或电磁感应方式，将专用笔在运动中的坐标输入计算机，计算机中的文字识别软件根据采集到笔迹之间的位置关系和时间关系信息来识别出书写的文字，并把相应的文字显示在文字录入窗口。

联机手写识别输入的优点是，不用专门学习训练，即写即得，并且识别率较高，其录入速度取决于书写速度；缺点是不同的字体和潦草的字迹会严重影响识别系统的识别率。手写录入实际上是在 OCR（光识别技术）基础上发展的文字录入方法。

4. 扫描仪＋OCR 识别输入法

在实际办公中，如果需要进行大量文字录入，如书稿、资料等，仍用手工录入，无疑会浪费许多时间，用扫描转换的方法，可以大大加快文字录入速度，提高工作效率。利用 OCR 技术，我们可以把需要的教材、文件、资料等进行扫描转换，生成电子文档，更便于保存。

OCR 是 Optical Character Recognition，光学字符识别技术的英文缩写。扫描仪＋OCR 识别输入就是将印刷品类纸张上的文字以图像的方式扫描到计算机中，再用 OCR 软件将图像中的文字识别出来，并转换为文本格式的文件。它要求把要输入的文稿首先通过扫描仪转化为图像后才能识别，所以，扫描仪是 OCR 技术中必须的配置。一般情况下，被扫描的原稿印刷质量越高，识别的准确率就越高，原稿最好是印刷体的文字，比如图书、杂志等。如果原稿的纸张较薄，那么有可能在扫描时纸张背面的图形、文字也透射过来，干扰最后的识别效果。需要注意的是，扫描仪本身并没有文字识别功能，它只能将文稿扫描到计算机中后以图片的方式保存，文字识别则由 OCR 软件处理完成。

5. 混合输入方法

混合输入法就是以上介绍的各种自然输入法的结合。目前，手写加语音识别的输入法有汉王听写、蒙恬听写王系统等。

语音手写识别加 OCR 的输入法的有汉王"读写听"、清华"录入之星"中的 B 型（汉瑞得有线笔+Via Voice +清华 TH-OCR 2000）和 C 型（汉瑞得无线笔+Via Voice +清华 TH-OCR 2002）等。

任务二 课件制作图像素材处理

文字素材有时也以图像的方式出现在课件中，通过格式排版后产生特殊效果，可以为课件增色不少。这种图像化的文字保留了原始的风格（字体、颜色、形状等），并且可以很方便地调整尺寸。图像是人类获得信息的重要来源，是多媒体课件制作中最常用的素材之一，是一种直观的教学媒体。有的图像可直接用于教学，如语言领域绘本故事中的故事场景插图，如科学领域中各种动植物图像等；有的图像可以作为课件制作的背景，如自然风景图、卡通背景图、边框图案等；有的图像用来作为点缀课件画面的元素，如花草、动物图案、卡通人物等。图形、图像是反映多媒体课件界面外观个性化的关键因素之一。

一、图形图像的种类

计算机处理的图形图像有两种：矢量图和位图。通常把矢量图叫做图形，把位图叫做图像。

矢量图的基本元素是图元，也就是图形指令。它在形成图形时，是通过专门的软件将图形指令转换成可在屏幕上显示的各种几何图形和颜色。矢量图文件的优点是所占存储空间一般较小，而且在进行缩放或旋转时，可以无限放大并且不会发生失真现象；缺点是能够表现的色彩比较单调，不能像照片那样出现色彩丰富的画面。矢量图通常用来表现线条化明显、具有大面积色块的图案。Flash 制作的动画是矢量动画。

位图也叫点阵图，它的基本元素是像素。如果把位图放大到一定程度，就会发现整个画面是由排成行列的一个个像素组成。位图的优点是画面色彩丰富、细致逼真；其缺点是位图文件占用存储空间比较大，而且在放大时会发生失真现象。对于一幅图像来说，在单位面积内，像素点越多，图像越清晰，占用的存储空间也就越大。Adobe Photoshop 和画图工具制作的图形属于位图文件。

二、图形、图像文字的制作

图形、图像文字分为点阵（位图）图像文字和矢量图形文字，如图 2-1 所示。图形图像文字制作可自行制作，常用的制作软件有 Photoshop、PhotoDraw（用于制作图像文字)、CorelDraw（用于制作图形文字)、Flash（用于制作图形、图像文字)、COOL 3D（用于制作三维艺术字）等。

图 2-1　图像文字

三、图像的格式

1. BMP 格式

BMP 位图文件是 Windows 操作系统中最通用的一种格式，几乎所有与图形图像有关的软件都支持这种格式。BMP 文件一般是不进行压缩的，图像质量非常高。BMP 支持黑白图像、16 色和 256 色伪彩色图像及 RGB 真彩色图像，它的图像有丰富的色彩，是多媒体课件中使用最为广泛的静态文件格式之一，不足之处是数据量大。

2. JPEG 格式

JPEG 格式是网络上比较流行的一种格式，其文件扩展名为.jpg 或.jpeg。JPEG 文件格式是所有压缩格式中最卓越的，它使用有损压缩方案，支持灰度图像、RGB 真彩色图像和 CMYK 真彩色图像。选择最高画质压缩时肉眼基本看不出压缩前后图像的差别。这种格式的最大特点是文件占据存储空间非常小，而且可以调整压缩比，非常有利于网络传输；但由于是有损压缩，所以将一幅图像转换为 JPEG 格式后图像质量会降低。

3. GIF 格式

GIF 格式也是网络上比较流行的一种格式，GIF 格式支持背景透明以及动画，主要用于在不同的图像处理平台上进行图像交流和传输。它同时支持静态和动态两种形式，使用无损压缩，文件体积比较小，支持黑白图像、16 色和 256 色彩色图像。

4. PSD 格式

PSD（*.PSD）格式是 Adobe 公司开发的图像处理软件 Photoshop 专用的标准内定格式，也是唯一可以支持所有图像模式的格式，包括位图、灰度、索引颜色、RGB、CMYK、Lab 等。该格式可以存储图层、通道、路径等信息，但图像文件特别大，编辑完成后可以转换成其他占用磁盘空间较小、储存质量较好的格式以便多媒体创作工具调用。

四、图形图像的采集方法

课件制作中需要的图像可以从多种渠道获得，例如，从 Internet 上下载，从计算机屏幕上直接截取，从动画、视频中捕捉，利用扫描仪或数码相机直接采集，数字化仪输入，用软件创作等。

1. 捕捉屏幕静止图像

（1）利用键盘上"Print Screen"键抓图。

在 Windows 环境下，捕获当前屏幕上的图像，最简单的方法是：当屏幕出现需要的图像时，按键盘上的"Print Screen"键，屏幕图像即拷贝到 Windows 的剪贴板中，然后打开图像处理软件，如"附件"中的"图画"，选择"粘贴"，即可得到屏幕图像，图像分辨率大小与屏幕区域设置相同。也可以直接粘贴到应用软件中去，例如：打开 Word、PowerPoint、Flash 软件等直接"粘贴"即可。另外，也可以利用 Alt+PrintScreen 键截取当前活动窗口画面。

（2）使用专门的抓图软件抓图。

如果有较高的要求，比如滚屏抓取、捕捉屏幕录像并编辑图像等，可以利用专门的抓图软件。目前比较有影响力的主流抓图软件有 HyperSnap、SnagIt、红蜻蜓抓图精灵和超级捕快等。

2. 利用超级解霸采集单帧视频图像

用计算机看 VCD、DVD 时，如觉得某些画面与要制作的课件主题相符，可以用"超级解霸"等多媒体播放软件将画面截取下来。

3. 通过素材光盘获取图像

图像类素材光盘很多，一些插图、标志、纹理材质、风光照片都可以在课件中使用，这是最简单快捷的图像采集方法。光盘中的图片可用 ACDSee 软件的"迅速寻找"查看。这些图像素材一般情况是需要再加工的，可根据课件的需要，应用各种图像处理软件对图像进行加工处理。如对图像进行剪切、粘贴、合并来修改图像内容，对图像亮度、对比度、色彩、图像尺寸、分辨率、色彩模式等的调整等。

4. 用数码相机拍摄

数码相机使用光电耦合器，并用存储卡（如记忆棒、软盘、SM 卡、CF 卡或

CD-R）来保存拍摄的图像。将保存的图像存入计算机后，可以作为课件素材直接使用。

5. 扫描课本上的图像

课本、照片、杂志、宣传画、教学挂图是一些常见的、传统的承载图像的媒体，要想将这些图像输入计算机，供课件制作使用，就得借助扫描仪。

6. 从 Internet 上下载图像素材

Internet 是一个资源的宝库，从中可以得到很多有用的图像用于课件制作。既可以从专门的图像网站上下载图像，也可以到与课件制作内容相关的网站上去寻找，如 PPT 素材网、www.1ppt.com、素材中国等。有些图像文件直接显示在网页上，对于这些文件，可以直接将其保存在课件制作素材库中。下面以"百度"搜索引擎搜索下载图片为例：

（1）打开百度搜索网站，点击"图片"超链接，如图 2-2 所示。

图 2-2　百度网站首页

（2）输入你想要获取的图片的关键词，例如"彼得兔"，点击"百度一下"，进行搜索。

（3）选择符合需要的图片。在打开的页面图片上单击鼠标右键，选择"图片另存为"选项，保存图片。

任务三　课件制作声音素材处理

声音是多媒体技术采用的一种媒体形式,在某些需要讲解或活跃主题气氛的场合中,声音是必不可少的。

一、音频含义

音频的数字化过程包括采样、量化两个步骤。采样就是每隔一段时间间隔读一次声音的幅度,将读取的时间和波形振幅记录下来。

量化是将采样得到的在时间上连续的信号(通常为反映某一瞬间声波幅度的电压值)加以数字化,使其变成在时间上不连续的信号序列,即通常的 A/D 变换。

二、音频的文件格式

1. WAV

Windows 所使用的标准数字音频称为波形文件,文件的扩展名是".wav",记录了对实际声音进行采样的数据,也是最早的数字音频格式。WAV 格式支持多种压缩算法、音频位数、采样频率和声道,利用该格式记录的声音音质可以和原声基本一致,但需要的存储空间很大,不便于交流和传播。

2. MP3

全称是 MPEG-1 Audio Layer 3,是现在最流行和通用的声音文件格式。这种格式在压缩时,可以削减音乐中人耳听不到的成分,在音质损失很小的情况下,把文件高度压缩。其具有占用空间小,传输速度快的特点。

3. MIDI

MIDI 是英文 Musical Instrument Digital Interface(乐器的数字化接口)的缩写。MIDI 音频是多媒体计算机产生声音(特别是音乐)的另一种方式,可以满足长时间播放音乐的需要。与波形文件相比,MIDI 文件要小得多。例如,同样半小时的立体声音乐,MIDI 文件只有 200KB 左右,而波形文件(.wav)则有 200MB。

4. CD

符合 MPCZ 标准的 CD-ROM 驱动器不仅可以读取 CD-ROM 盘的信息,还能播放数字 CD 唱盘(CD-DA),这样多媒体计算机就能够利用已经非常成熟的数字音响技术来获得高质量的音频——CD 音频。在多媒体计算机上输出 CD 音频信号一般有两种途径，一种是通过 CD-ROM 驱动器前端的耳机插孔输出，另一种是使用特殊连线接入声卡，放大由扬声器输出。

5. WMA

WMA（Windows Media Audio）是微软公司推出的与 MP3 格式齐名的一种新的音频格式。WMA 格式是以减少数据流量但保持音质的方法来达到更高的压缩率的目的，由于 WMA 在压缩比和音质方面都超过了 MP3，所以即使在较低的采样频率下也能产生较好的音质。一般使用 Windows Media Audio 编码格式的文件以 WMA 作为扩展名，一些使用 Windows Media Audio 编码格式编码其所有内容的纯音频 ASF 文件也使用 WMA 作为扩展名。

任务四　课件制作视频素材处理

视频数字化采集是指获取数字化视频，可以通过数字摄像机、数字照相机、数字摄像头等设备直接拍摄生成数字视频，也可利用视频采集卡将模拟视频信号转化为数字视频，还可以将动画文件转换为数字视频。这一过程是非线性编辑系统中关键的一环，其结果直接影响到最终产品的品质，是通过视频采集压缩插板及相应的软件来实现的。主要工作是对视频信号进行动态捕获、压缩和存储，目的是将视频的模拟信号转换为计算机中的数字文件。

一、数字视频编辑

视频编辑是对所摄取的视频素材进行取舍和组合，最后形成完整的视频节目或视频教材的过程。数字视频编辑主要包括视频内容和视频效果两个方面。

1. 视频内容的编辑

同其他的媒体信息一样，数字视频在计算机中也是以数据文件形式存放的，所以对数字视频进行编辑，实际上就是对具有特定格式的计算机数据文件进行编辑。数字视频最大的特点是定位准确，主要包括插入（拼接）和删除（裁剪）。需要说明的是，由于实际使用视频信息时都伴有配音和背景音乐，所以这里所说的视频编辑操作也适用于相应的声音信息。

2. 视频效果的处理

视频效果处理是指对已有的视频图像通过添加适当的艺术效果和特效镜头，刺激人们的视觉感官以达到准确反映内容和渲染、夸张的效果。通常，采用的效果有放大、缩小、移位、移进、移出、冻结、翻转、滚动、翻页、裂像、镜像、油画、瓷砖、彩边、背景、叠加、轨迹、频闪、拖尾、反射、负像、单色、透视、三结旋转、曲线移动、色键跟踪、增量冻结、字幕、合成及淡入浅出等。与内容编辑相对应，视频的效果编辑也包括相应的伴音效果编缉，而且伴音效果要和视频效果相适应，互相配合与衬托，才能得到最佳的视觉与听觉效果。

对于数字视频来说，无论是视频内容还是视频效果，其编辑工作均在相应的视频处理软件的支持下完成。目前，市面上较流行的视频处理软件有 Adobe Premiere pro 2.0、Ulead Media Studio 7.0 等。

3. 输出视频编缉结果

编缉数字视频的目的是为了得到所需的视频效果，一旦编辑完成，就可以输出编辑结果。通常的输出形式有两种，一是直接输出压缩的视频文件，如 AVI、MPEG、MOV 等格式，以后再利用这些压缩的视频文件制作 VCD、DVD 光盘或网络流媒体视频；二是直接输出到数字录像带进行保存。

二、视频的性能指标与格式

1. 视频的性能指标

视频是与图像紧密联系的，由一系列单独图像（称之为帧）组成，当每秒钟连续放映若干帧图像时，在人眼视觉暂留效应以及心理作用的共同作用下，就会产生动态的画面效果。

分辨率、帧率和色彩位数，是描述数字视频质量的重要指标。

分辨率反映画面的清晰度，普通电视节目的后期制作中，要求图像分辨率为 720×480（NTSC 制）或 768×576（PAL 制），高清晰度电视要求的图像分辨率为 1920×1080。

帧率是每秒钟所呈现的画面数，通常只有帧率达到 20 fPS（帧/秒）以上，所呈现的画面才会产生非常流畅和连续的变化效果。PAL 制下普通电视节目的帧率为 25fps，NTSC 制电视的帧率为 30（29.97）fps。

2. 视频的文件格式

任何数字视频文件都以一定的格式存储，不同的视频格式有不同的特点。

(1) AVI 格式。

AVI（Audio-Video Interleaved，音频-视频交错）格式是一种音/视频交错记录的数字视频文件格式，同 QuickTime 和 MPEG 并称为三大主流视频格式。AVI 格式具有通用性好的特点，几乎所有的视频编辑软件都可以直接操作非压缩的 AVI 文件。

（2）MPEG 格式。

MPEG（Moving Pictures Experts Group）格式是由国际标准化组织制定的数字化多媒体视频信息的压缩编码标准，是采用有损压缩方法减少冗余信息的视频格式。

MPEG 标准包括 MPEG 视频、MPEG 音频和 MPEG 系统（视/音频同步）三部分。MPEG 格式中的 MPEG-1、MPEG-2 和 MPEG-4 被广为使用，MP3 音频是 MPEG 音频的典型应用，VCD、SVCD、DVD 是采用 MPEG 标准的电子产品。

（3）RM 格式。

RM（Real Media）格式是流式视频文件格式，可以通过 RealPlayer 或 Realone Player 软件对符合 Real Media 技术规范的网络音/视频资源进行实况转播，可以在不下载音/视频内容的情况下实现在线播放。

（4）WMV 格式。

WMV（Windows Media Video）是微软推出的一系列视频编解码和其相关的视频编码格式的统称，是一种主流媒体格式。在相同视频质量下，WMV 格式文件因其可以边下载边播放的特性而在网络上广为传输播放，系统自带的 Windows Media Player 也完全支持 WMV 格式文件播放。因 WMV 格式为大多数的播放器所支持，所以应用更加广泛。

（5）MOV 格式。

MOV 格式源于美国 Apple 公司，最初用于 Macintosh 计算机上，后移植到 PC 的 Windows 操作系统上，成为 QuickTime 支持的活动影像文件格式，存储空间要求小，具有较高的压缩率，属于流式文件格式。很多多媒体编辑及视频处理软件都支持 MOV 格式文件，在某些情况下，画面效果要优于 WMV、RM 及 AVI 格式的文件。

培养能力

小班健康教育活动：我会洗手

春天来了，万物复苏之时却也是细菌最多的季节，春天天气干燥，空气中的粉尘夹杂着很多细菌，这些细菌通常是肉眼看不见的。幼儿天性好奇，手是他们探索世界最好的工具，走到哪里都想摸摸、玩玩，小手就会在不知不觉中沾上细菌。所以，我在幼儿园每天的入园晨检时总是会发现有的小朋友的小手脏兮兮的，如果不勤洗手或者洗手方法不当，幼儿很容易将细菌带入口中。

作为幼儿教师，在小班幼儿中开展学习洗手的活动就显得尤为重要。洗手活动可以帮助幼儿初步掌握洗手的正确方法，养成良好的生活、卫生习惯。

一、训练活动名称

本次训练的活动名称是小班健康领域——我会洗手。

二、训练目的

本次训练重点主要集中在课件制作过程中各种素材，如文字、图像和音频视频等的获取方法上，通过具体活动案例，熟练掌握各种素材获取和选取的技巧。

三、课件制作训练过程

1. 文本素材的获取

（1）洗手的重要性。

（2）正确洗手的方法。

（3）做一做，练一练。

（4）养成良好的生活卫生习惯。

图 2-3　牛牛生病了

图 2-4　生病的原因

图 2-5　洗手的方法　　　　　　　　　图 2-6　做一做

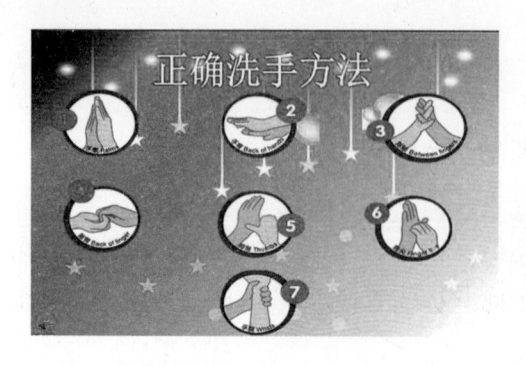

  本主题的文本获取主要采用键盘输入法。

  注意：文字是教学内容的课件中最重要的表达方式之一，更是课件中最常用的信息描述方式。文字素材获取的前提是针对活动主题做好课堂设计思路，明确课件中每页标题和所要表达的意义。另外，幼儿课件中的文本要符合主题设计，提取主要的关键词，内容要确保做到少而精，以起到引导、解释的作用，文字过满的课件页面除了影响页面的美观度外还影响阅读效果。

  2. 图片素材的获取

  图片是幼儿课件中又一个非常重要的多媒体元素，图片表达的教学内容更加形象和直观，同时更起到了美化课件的作用，更符合幼儿的接受水平。

  本主题图片获取途径是 Internet，主要是利用搜索引擎获取相关图片。搜索过程中通常用关键词进行搜索，但网页中使用汉字作为图片文件名的比较少，所以常用拼音或英文来作为关键词进行搜索。

图 2-7　与主题相关图片　　　　　　　　图 2-8　与主题无关图片

  课件中图片素材的获取要注意以下几点：

第一，要选择与主题相关的图片；

第二，尽量选取清晰度比较高的图片，防止图片的变形失真；

第三，选取的图片尽量保持相同的色调风格，突出活动主题。

3. 音频文件的获取

与文字图片相比，声音更能激发幼儿的兴趣，影响幼儿的情绪，更能调动幼儿的积极性和主动性，使其注意力集中于课堂活动中。但是声音的选取也要得当否则易起干扰的作用，更易分散幼儿的注意力。

音频文件的获取要符合活动主题，起到点醒主题活跃气氛的作用。音频文件的获取可从页面以及音乐播放器等工具中下载，如本主题可下载选取"洗手歌.mp3"音频文件作为师生互动环节或背景音乐等，MP3格式的文件因其占用空间小，传输速度快而在多媒体课件制作过程中被广泛应用。

4. 视频文件的获取

视频文件相比音频文件而言，更加直观、形象和生动，更能真实反映事物或场景特征，从而更具有示范性。例如在本次"我会洗手"活动中，介绍洗手的正确方法时，再清楚的图片也不如一段视频更具有说服力，如图2-9。WMV格式因其为大多数播放器所支持而成为最常用的视频格式。

图2-9 "我会洗手"视频

资源拓展

利用"格式工厂"进行文件转换

利用第三方软件"格式工厂"实现各种不同素材文件、不同格式之间的相互转换。

现在网络上很多视频文件下载后为"*.flv"或"*.mov"格式文件，而在课件制作过程中"*.wmv"格式的文件是大多数播放器所支持的文件格式，应用更加广范，在课件制作插入过程中错误率低，操作性更强，因此需要实现常用格式间的转换。

以视频文件转换为例，将"我会洗手.flv"文件转换为"我会洗手.wmv"。

打开"格式工厂"主界面，如图2-10，点击视频选项，进入视频格式转换界面，单击需要转换的目标文件格式，如"WMV"，弹出如图2-11所示窗口，单击窗口右上角的"添加文件"命令，选择需要转换的文件，如"我会洗手.flv"，出现如图2-12所示窗口，单击确定回到操作主界面。选中"格式工厂"主操作界面右侧窗口的转换文件任务，单击"开始"命令，即可开始文件格式的转换操作。当任务窗口的转换状态显示为"完成"时即为转换成功，如图2-13所示。转换成功后，可在输出列表中查看转换后的文件"我会洗手.wmv"。

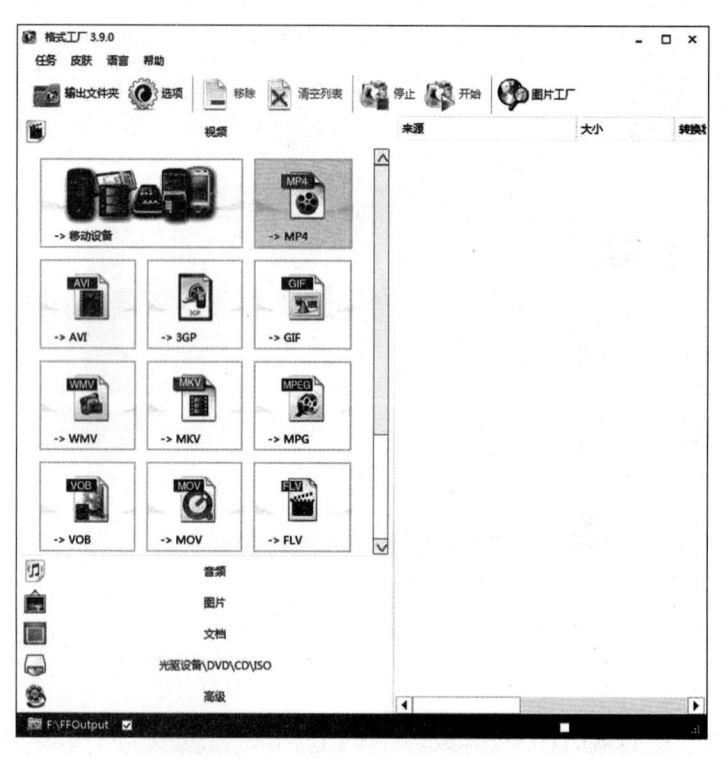

图 2-10 格式工厂操作主界面

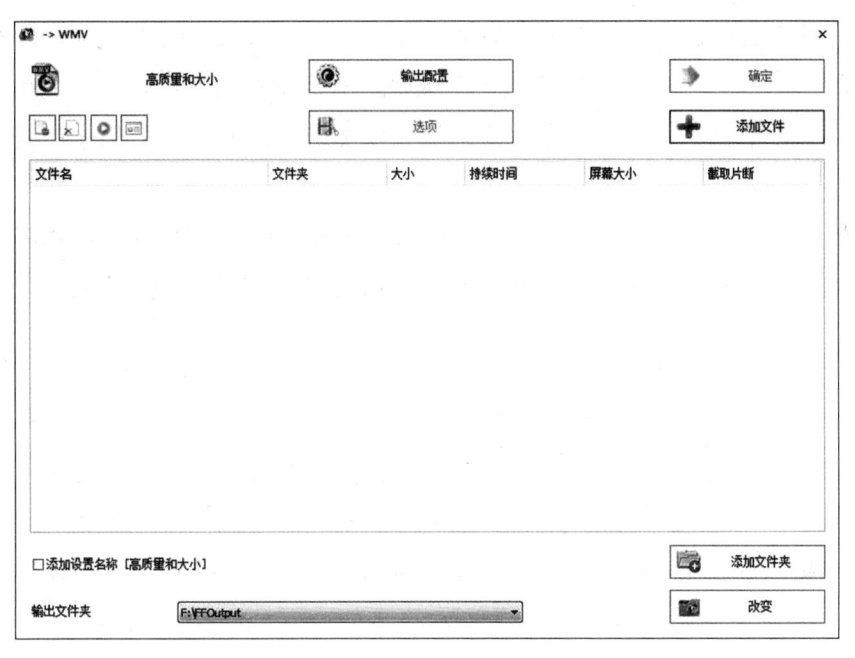

图 2-11 添加文件

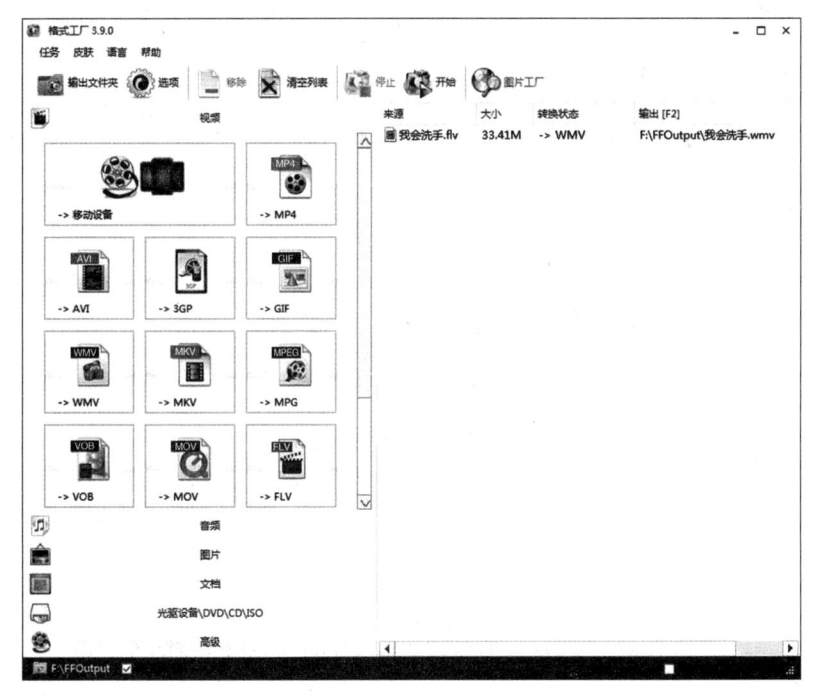

图 2-12 转换文件

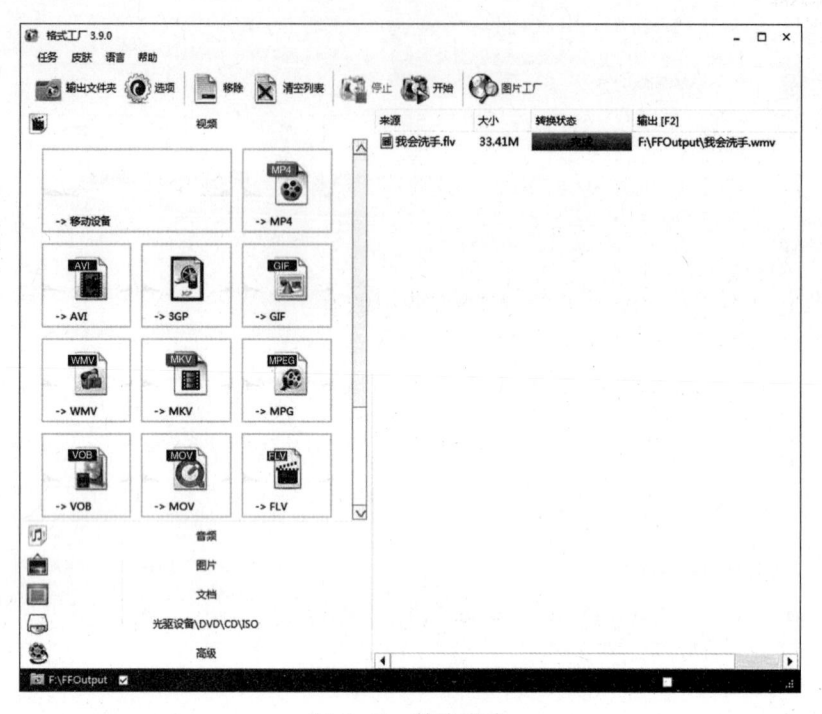

图 2-13 转换成功

自助餐厅

1. 以社会领域"着火了怎么办"为主题，围绕中班幼儿年龄特点，设计活动方案并制作课件，图片、音频和视频等素材可利用课件制作素材整理办法进行整理获取，图片素材可参考图片素材库"www.1ppt.com"，文字素材可参考如下内容。

（1）火灾时不能钻到阁楼、床底、大橱柜内。火势不大时，要披上浸湿的衣服向外冲。

（2）浓烟弥漫时，用湿毛巾捂住嘴巴和鼻子，压低身子，手、肘、膝盖要紧靠地面，沿墙壁边缘爬行逃生。

（3）若身上已着火不可乱跑，要就地打滚使火熄灭。

（4）遇火灾不可乘坐电梯，要向安全出口方向逃生。

（5）千万不要盲目跳楼，可利用疏散楼梯、阳台、排水管等逃生，或把床单、被套撕成条状连成绳索，紧拴在窗框、铁栏杆等固定物上，顺绳滑下，或下到未着火的楼层脱离险境。

（6）若逃生之路被火封锁，在无奈的情况下，退回室内，最好在卫生间关闭门窗，不断向门窗浇水。

（7）充分利用阳台、天窗等进行自救。

（8）处在高层建筑被火围困时，要赶快向室外抛沙发垫、枕头等小物品，夜间则打开手电筒，发出求救信号。

2.以科学领域"种子的旅行"为主题，围绕大班幼儿年龄特点设计教学课件，围绕科学领域范畴进行多媒体课件内容设计，文字素材整理要实现两个活动目标，一是初步了解种子的不同传播方式，二是产生探索植物种子的兴趣。除此之外，图片、音频和视频素材等均紧扣科学领域主题进行整理选取，整体效果要符合课件设计的评价标准。

参考文献：

[1] 陈勇.信息技术基础［M］.上海：上海交通大学出版社，2014：54-55.

项目三　PowerPoint 2016课件设计与制作

Microsoft Office 是微软公司开发的一套基于 Windows 操作系统的办公软件套装，相继经历了 Office 97、Office 2000、Office XP、Office 2003、Office 2007、Office 2010、Office 2013 到今天的 Office 2016。常用组件有 Word、Excel、PowerPoint 等。

PowerPoint 是 Office 中常用的课件制作软件，由于其制作方法简单，互动性强，成为广大一线幼儿园教师首选的教辅工具。本项目将通过初识 PowerPoint 2016、图片的设置与布局、声音与视频的处理和动画的制作四个具体的任务，按照由易到难的顺序，以能会、够用为度，完成对幼儿园课件的选题、配色、设计、运用。

表 3-1　教学任务一览表

教学任务	掌握知识→培养能力→资源拓展。
掌握知识	掌握 PowerPoint 2016 基本的操作步骤，图片的放置与布局、声音与视频及处理。
培养能力	能利用 PowerPoint 2016 熟练地制作幼儿园活动过程中所需要的课件。
资源拓展	幼儿园教师制作课件。
自助餐厅	根据所学内容，按照要求制作课件。

掌握知识

在 PowerPoint 2016 中，创建的幻灯片都保存在演示文稿中，因此，幼儿教师应该了解和熟悉演示文稿的基本操作，包括演示文稿的新建、打开、保存和关闭等功能。在制作课件的过程中，还应该注意课件整体要色彩柔和、搭配合理、画面符合孩子的视觉心理，课件背景要形式统一，简洁清新，不能过于花哨，不宜放置过多无关要素，文字的处理要适当，要简洁可读、位置统一。

任务一 初识 PowerPoint 2016

PowerPoint 2016 是 Office 2016 中的一个组件，与以前的版本相比，它增加了智能搜索、图表类型、屏幕录制、墨迹书写等功能，使演示文稿更具有吸引力和感染力，特别适合一线幼儿园教师操作。

一、PowerPoint 2016 的安装

PowerPoint 2016 的基本安装步骤如下：

（一）下载文件

通过网络查找 PowerPoint 2016 安装程序并下载。

（二）解压文件

如果是原版的镜像文件，直接点击右键解压即可；如果右键没有解压，请先安装一个解压工具。

（三）进行安装

解压完成之后双击图片示例位置的应用程序（如图 3-1），进入安装界面。

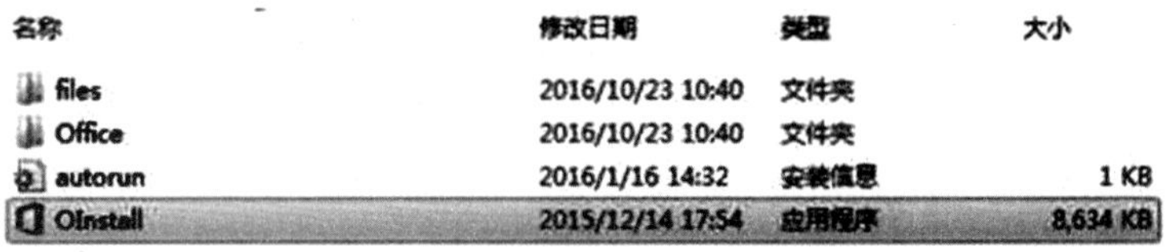

名称	修改日期	类型	大小
files	2016/10/23 10:40	文件夹	
Office	2016/10/23 10:40	文件夹	
autorun	2016/1/16 14:32	安装信息	1 KB
OInstall	2015/12/14 17:54	应用程序	8,634 KB

图 3-1 应用程序选项

（四）选择要安装的工具

选择 Word、Excel、Access、Outlook、Onenote、PowerPoint 等常用工具，然后点击 "Use off-line installer"，进入安装位置的选择，确定之后进行安装（如图 3-2）。

图 3-2　安装程序选项

（五）准备完成以后提示正在安装（如图 3-3）

图 3-3　安装程序进程图

（六）安装完成（如图 3-4）

图 3-4　安装程序完成图

二、PowerPoint 2016 的启动

（一）打开 PowerPoint 2016 的方法

1. 通过桌面快捷方式打开

多数电脑的桌面中自带 PowerPoint 2016 图标（如图 3-5），直接双击打开即可。

2. 通过"开始"程序，打开 PowerPoint 2016

图 3-5　PowerPoint 2016 图标

打开流程：桌面左下角点击"开始"按钮→所有程序（如图 3-6）→Microsoft Office→单击打开 PowerPoint 2016（如图 3-7）。

图 3-6　所有程序

图 3-7　PowerPoint 2016 程序

3. 通过桌面新建

打开流程：在桌面空白处右键单击→单击新建（如图 3-8）→单击 Microsoft PowerPoint（如图 3-9），演示文稿即可。

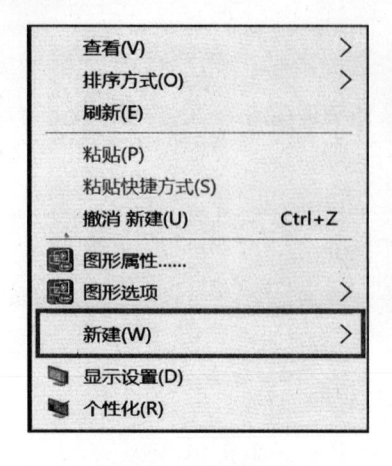

图 3-8　新建选项卡　　　　　图 3-9　新建 PowerPoint 2016

（二）新建 PowerPoint 2016 工作区

进入 PowerPoint 2016 页面后，即可开始 PowerPoint 2016 的编辑工作了，在编辑工作过程中，若需要新建新的一页 PowerPoint 2016，则需在 PowerPoint 2016 页面的左侧，右键单击选择新建幻灯片（如图3-10）。

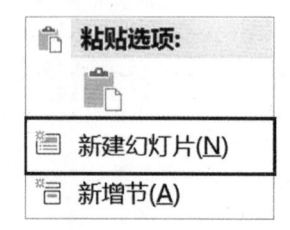

图 3-10　新建幻灯片

（三）认识 PowerPoint 2016 工作界面（如图 3-11）

图 3-11　PowerPoint 2016 工作界面

（四）PowerPoint 2016 的基本设置

1. 快速访问工具栏的设置

操作流程：点击快速防卫工具栏右侧的下拉菜单按钮，可根据个人的习惯或实际需求，进行设置（如图3-12）。

图 3-12　自定义快速访问工具栏

2. 撤销/恢复次数的设置

撤销功能指的是在 Office 操作过程中，如果无意中出现了操作失误，可以通过撤销按钮回到上一步的操作中。恢复是指如果在撤销过程中发现了错误，可使用恢复功能恢复到撤销之前的操作。通常 Office 中默认的撤销/恢复的次数为 20 次，我们可以根据自己的需要或习惯，将撤销/恢复的次数更改为 3~150 次。操作流程：单击选项卡中的"文件"按钮（如图 3-13）→选项（如图 3-14）→高级（如图 3-15）→输入保留撤销/恢复的次数(如图 3-16)。

图 3-13　文件选项卡

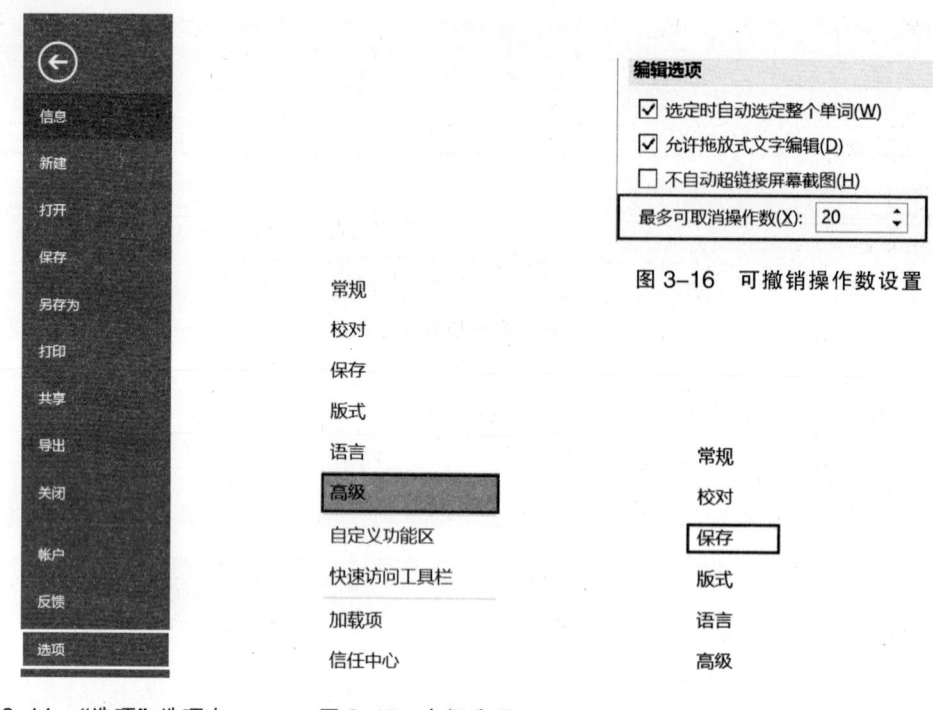

图 3-14 "选项"选项卡　　图 3-15 高级选项　　图 3-17 保存选项

图 3-16 可撤销操作数设置

3. 自动保存的设置

在制作课件的过程中，可能会遇到一些不可预见的意外情况，例如 Office 的自动退出、断电、死机等，如果在做课件之前未对自动保存的时间进行设置，很可能会导致之前的努力白费。操作流程：单击选项卡中的"文件"按钮（如图 3-13）→选项（如图 3-14）→保存（如图 3-17）→选择自动保存恢复信息时间间隔即可（如图 3-18），同时可在下方查看自动恢复文件的位置，在电脑中可找到自动恢复文件的位置（如图 3-19）。

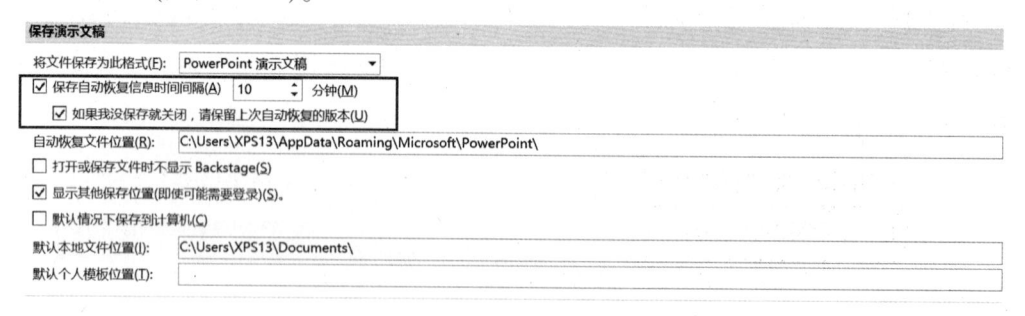

图 3-18 自动保存时间间隔设置

图 3-19　自动恢复文件设置

（五）关闭/保存 PowerPoint 2016

1. 关闭 PowerPoint 2016

关闭 PowerPoint 2016 的方法主要有三种：一、通过页面右上角的"关闭"按钮；二、通过双击页面左上角进行"关闭"操作；三、通过快捷键"Alt+F4"的方式关闭。

2. 保存 PowerPoint 2016

在关闭的过程中，系统会自动提示你是否需要保存，在保存的过程中，我们同样可以根据自己的实际需要进行设置。例如，当你在制作课件的过程中，添加了自己喜欢的字体，则需要在保存的过程中将字体嵌入到文件中，以保证在其他电脑上的正常使用。操作流程：单击选项卡中的"文件"按钮（如图 3-13）→选项（如图 3-14）→在"将字体嵌入文件"选项上打钩即可（如图 3-20）。需要注意的是，这里有两个选项，第一个为"仅嵌入演示文稿中使用的字符（适于减小文件的大小）"，若选择此选项，在其他电脑上使用时，仅能对本文稿中出现的文字进行同字体的编辑，若再添加其他的文字，则显示的是默认字体。第二个为"嵌入所有字符（适合于其他人编辑）"，这实际是将你所使用的字体的安装包嵌入到了演示文稿中，即便在其他电脑中未安装你使用的字体，依然可以对本文稿中未出现的字符进行同字体的编辑。

图 3-20　将字体嵌入文件设置

幼儿园宣传板的设计

通常到了一些重要的节假日或活动期间，幼儿园老师会制作相应的宣传板进行宣传，而多数老师受制于对图片处理软件的使用，导致很多幼儿园需要花费额外资金，请外界的广告公司代为制作。其实，类似这种宣传用的图片，幼儿园教师完全可以使用 PowerPoint 2016 进行制作。

制作流程：

1. 选取适合的背景图片

针对不同的节日或活动，教师应先选取适合、恰当的图片作为背景，在选取图片时，应注意几个问题：第一，应选取与本次活动相关的图片；第二，选择符合幼儿园特性的图片；第三，选择颜色对比明显的图片；第四，选择分辨率相对较高的图片。

2. 选取适合的字体

由于制作的是幼儿园的宣传看板，所以在选择字体时应考虑其特殊属性，避免选择过于古板的字体，应尽量考虑其卡通性、活泼性等。可利用网络资源下载自己需要的字体，例如"站长之家（www.chinaz.com）"等网站。

在 Win7 以上版本中，可直接打开下载好的字体安装包，点击安装即可（如图 3-21）。为了保证能按照预期的字体设置制作看板，在保存时需要按照上文中操作流程进行保存（图 3-20）。

图 3-21 字体安装图

3. 看板的布局

在对看板进行布局时，应做到图片与文字的合理搭配，文字不宜过多，仅需要将文字作为辅助图片解释即可。另外，本次活动的名称应重点突出，让家长与幼儿能明显了解本次活动的主题。

任务二 图片的设置与布局

在幼儿园课件制作过程中，鉴于这个阶段儿童的认知特点，需要使用大量的图片，配合幼儿对活动内容进行理解。所以，我们将通过本次任务的学习，了解 PowerPoint 2016 版本中图片设置与布局处理的相应操作。

图片是 PowerPoint 2016 设计最基本的素材也是最主要的方法之一。有时我们在网上搜索到的图片不一定能完全贴合幻灯片主题，这时就需要通过图片设置来进行完善。

一、插入图片的方法

1. 利用选项卡中的"插入"功能插入图片

操作流程：单击选项卡中的"插入"按钮，在图像区域选择"图片"（如图 3-22），在电脑硬盘中选择图片所在位置（如图 3-23），插入后，再对其进行编辑。

图 3-22　图片选项卡

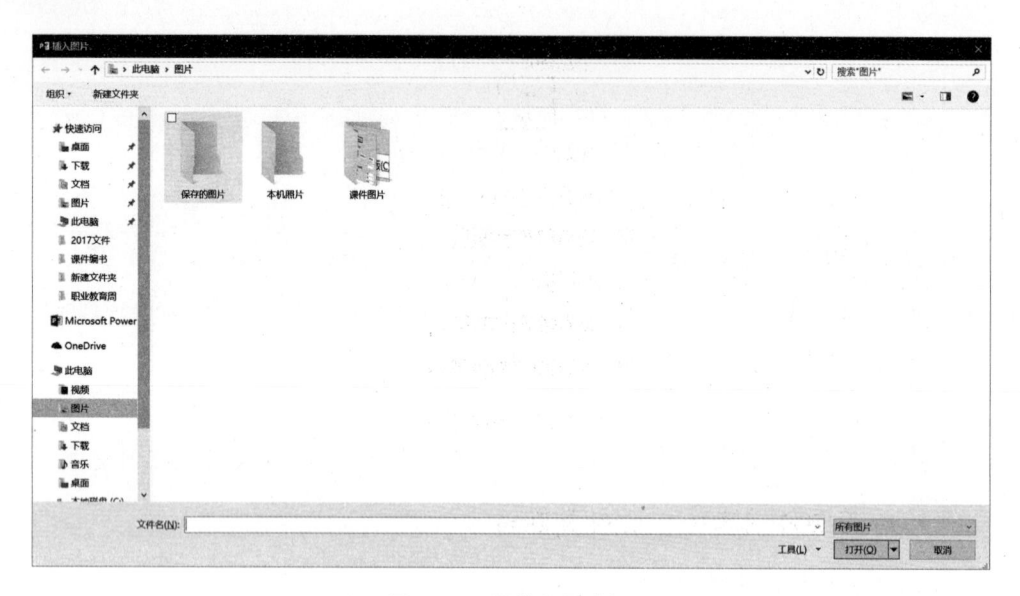

图 3-23 图片位置选择

2. 利用复制、粘贴功能插入图片

在制作课件过程中，需要从网上搜索大量的图片，当找到适合自己本次主题的图片时，可以直接在网上复制（如图 3-24）粘贴到 PowerPoint 2016 的工作区中，复制为纯图片格式（如图 3-25），然后再进行编辑。

图 3-24 复制图片

图 3-25 粘贴图片

二、调整图片的大小、位置及旋转

1. 调整图片的大小

（1）通过拉伸图片，调整其大小。

操作流程：当选中图片后，在图片的四周会出现 8 个控制点，可利用鼠标拖动这 8 个控制点对其进行编辑（如图 3-26），这种调整大小的方式仅能依靠目测，只能对图片进行粗略地调整。

图 3-26 编辑图片

（2）通过数值设置，确定精准度。

操作流程：选中图片后，在选项卡中会出现图片工具"格式"一栏（如图

3-27），可在其"大小"选项中直接调整高度和宽度，但是在功能区中进行调整，高度和宽度的数值是根据原图片的高度和宽度的纵横比进行调整。若想调整到自己需求的大小，可在其下拉菜单中解除其"锁定纵横比"（如图 3-28）。

图 3-27　格式工具栏

图 3-28　锁定纵横比设置

2. 调整图片的位置

对于图片位置的调整，可直接用鼠标控制。PowerPoint 2016 更能凸显其在图片位置排列上的智能化，当对两个及以上图形进行位置排列时，系统会自动出现虚线以方便对其位置进行确定（如图 3-29）。例如，在图 3-29 中，下方双箭头出现时，则证明三个正方形的间距是相等的；在图 3-30 中，当红色圆形与黄色正方形重合，并出现相互垂直的两条虚线时，则证明两个图形的中心点是完全重合的。

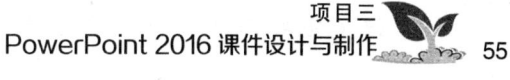

图 3-29 确定图片位置

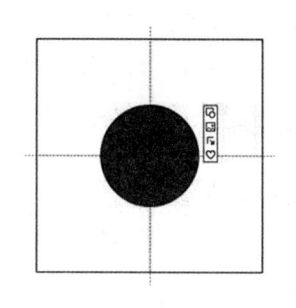

图 3-30 确定图片位置

3. 图片的旋转

选中图片后，在图片的上方出现旋转的控制按钮（如图 3-31），可利用鼠标控制其旋转的角度。同时，也可通过选项卡的"格式"，在功能区中，利用"旋转"功能，对其旋转的角度进行精确的设置（如图 3-32）。

图 3-31 控制按钮图

图 3-32 图片旋转设置

三、图片的裁剪

当插入图片后，发现并不需要图片中的全部内容，则可以通过裁剪，对图片进行处理。

操作流程：选中需要处理的图片，单击功能区的"裁剪"（如图 3-33），这时，图片的四周会出现黑色的边框，可直接拖动四周的黑色边框（如图 3-34），对其进行操作。PowerPoint 2016 中可将图片剪裁成固定的图形，单击"裁剪"的下拉菜单，选择"裁剪为形状"(如图 3-35)，选择你需要的图形即可。

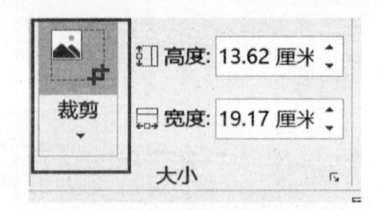

图 3-33　图片裁剪工具

图 3-34　图片裁剪框

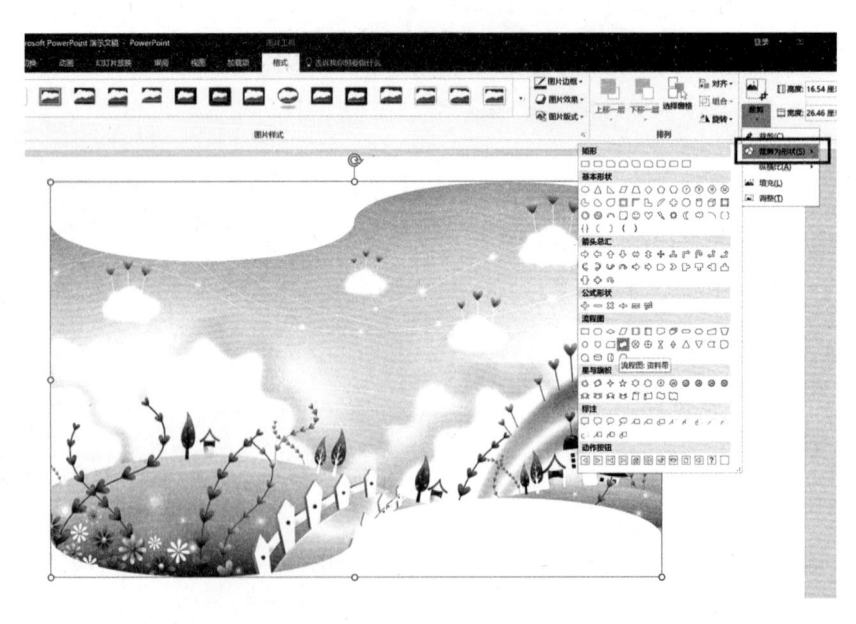

图 3-35　图片裁剪为形状图

四、图片背景的删除

当我们从网络上选择好一些需要的图片时,可能会出现图 3-36 的情况,这样显得背景非常突兀,所以在制作课件过程中,需要对其背景进行处理。

图 3-36 网络图片

操作流程:选中图片后,在功能区中选择"删除背景"(如图 3-37),单击"标记要保留的区域"或"标记要删除的区域",选择要保留或删除的区域,最后单击"保留更改",即可得到删除背景后的图片(如图 3-38)。

图 3-37 删除背景工具

图 3-38 删除背景的图片

五、图片形状效果的处理

PowerPoint 2016 自带了大量的图片样式（如图 3-39），在操作时，可针对具体的需求，对图片的样式进行处理，同时，在图片效果中对具体的数值进行设置。例如图 3-40 中，想要调整长颈鹿映像与原图中的距离，可通过图片效果→映像中的映像选项进行设置。

图 3-39　格式工具栏

图 3-40　图片效果设置图

制作个人简历

教师建立模拟场景——校园招聘会。

今年，校园招聘会将定在本周末进行，预计将有近100家幼儿园参与本次活动，为了能让用人单位的负责人加深对你的印象，现需要各位同学将自己的个人简历制作成幻灯片的形式展示给用人单位的负责人。要求制作的幻灯片美观、大气，并能符合幼儿园教师的职业特点。

一、选取适合自己的简历封面

多数同学在求职过程中，往往会忽略封面选择的重要性，封面能在一定程度上让用人单位的负责人快速的记住你。在选择和制作封面时应注意以下几个问题。

（一）简历封面的选择

简历的封面可以从网上搜索下载，但是应选择那些大气、美观的图片作为封面，并在封面中留有可以插入文字的空白。切忌选择像素比较低，比较模糊，或是风景照（如图3-41）等，封面的无关因素不要太多，插入文字时不要与背景相重合，应让文字和背景相互呼应。

图3-41 风景照背景

在选择封面时，还应考虑自己的专业特点及就业岗位特点，应体现幼儿园幼儿园教师的天真活泼以及个性。

（二）简历封面的制作

当你在网上确定好简历背景图片时，我们就要开始对个人简历的封面进行设计、美化和完善了。

设置背景

需要将找好的背景图片设置为 PowerPoint 2016 的背景，有些同学在设置背景时喜欢直接将图片复制到幻灯片的编辑界面，然后再根据界面的大小调整背景图片的大小，这样既浪费时间，又不美观，而且后期在编辑或在另外一台电脑上操作时容易使背景图片发生位移。所以，最好的办法就是将图片设置为 PowerPoint 2016 的背景。

在幻灯片的编辑页面找一个空白处，鼠标右键单击后，选择"设置背景格式"（如图 3-42）。在编辑页面的右侧出现"设置背景格式"的选项（如图 3-43），在这里有几种选项，若是需要将自己找到的图片设为背景的话，则需要选择"图片或纹理填充"（如图 3-44），选择"插入图片来自"（如图 3-45）选项，可选择本机中的、网上的及剪贴板上的图片。

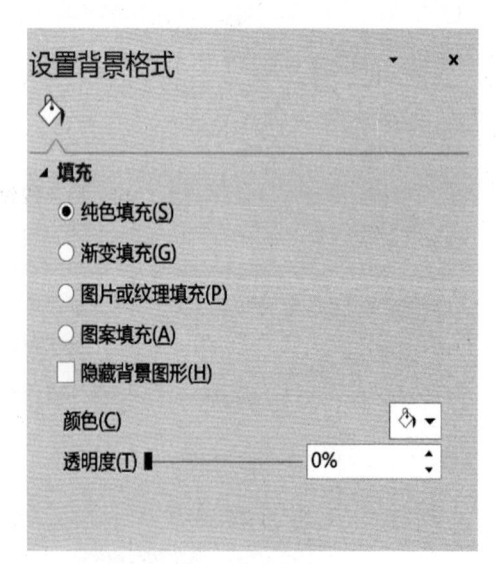

图 3-42　设置背景格式　　　　　图 3-43　设置背景格式选项

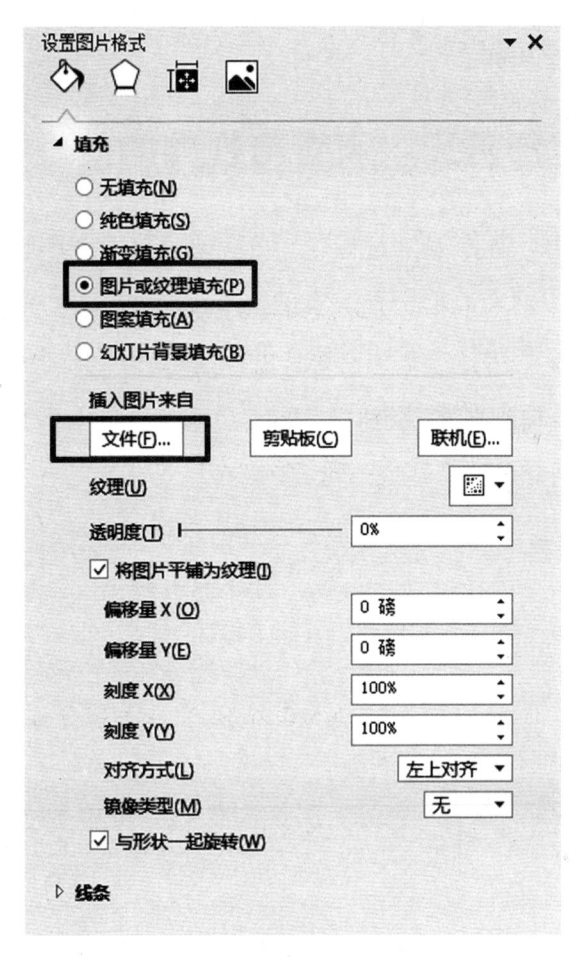

图 3-44 图片或纹理填充

图 3-45 插入图片

二、制作个人简历的内容

对于个人简历的内容选取，依据的是面对的岗位——幼儿园教师的岗位特点，除了应表述常规的个人信息，例如姓名、性别、年龄等之外，还应进一步表述清楚自己的专业背景（教育经历）、教学实践、社会实践、所获证书或奖项。

任务三 声音与视频的处理

鉴于幼儿的认知、注意及学习特点，在活动过程中，教师往往需要借助音乐或视频来帮助幼儿理解学习的内容。通过本次任务的学习，能在 PowerPoint 2016 中插入音频和视频，并能对其进行相关的处理。

一、插入音频与视频的方法

1. 插入音频的方法

在"插入"，功能区中选择"媒体"→"音频"，选择插入音频（如图 3-46）。这里需要注意，插入的音频有两个来源，一个是电脑中已经保存的音频，操作者只需要找到音频所在的位置点击插入即可；另一个是，我们自己录制音频，这种方式具有灵活性，在活动过程中需要什么声音，均可以自己录制，但要求电脑必须配备麦克风。

图 3-46 插入音频

2. 插入视频的方法

插入视频的方法可参照音频的插入方式，插入视频后，可根据课件布局的需要对视频的大小进行调整（如图 3-47）；同时，也可像图片的设置一样对视频的外部视图进行设置（如图 3-48）。

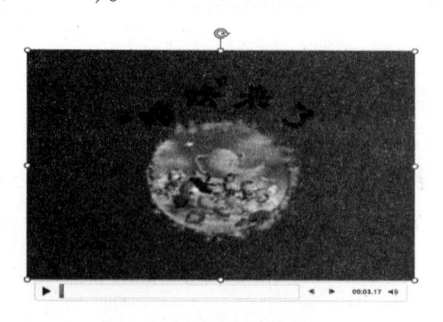

图 3-47 调整视频大小

项目三
PowerPoint 2016 课件设计与制作   63

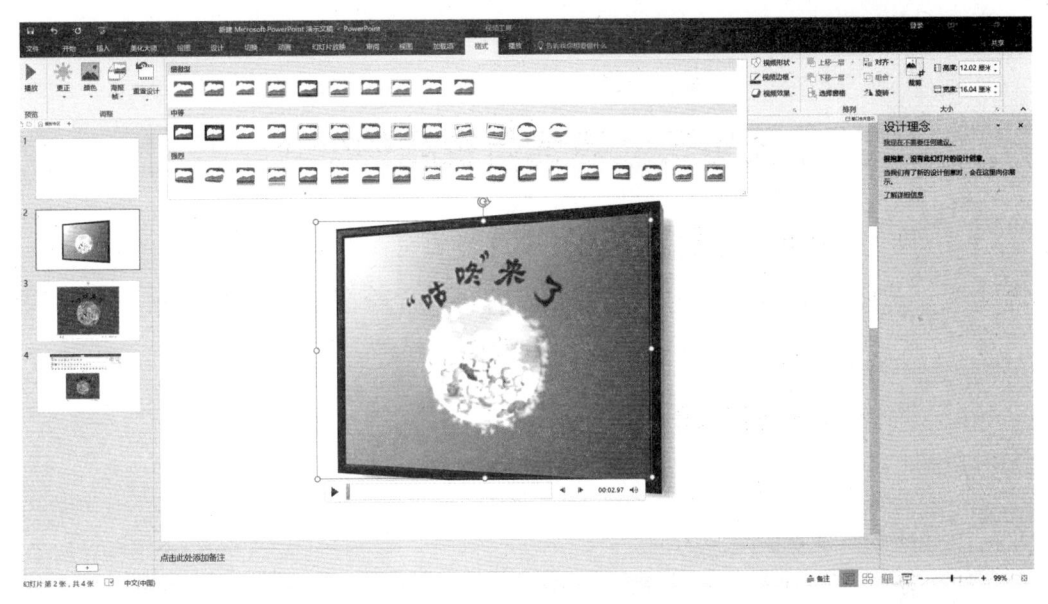

图 3-48 视频外部设置

二、音频、视频的处理

有时，从网上下载的音频可能不太符合幼儿园教学或活动的要求，可将插入的音、视频进行剪裁、弱化开头或结尾等操作，以满足活动需求。

1. 音频的剪裁

当发现插入的音频过长时，可将相应的音频进行裁剪。操作流程：选中操作区内声音的符号后，在选项卡上选择音频工具中的"播放"，这时会出现音频在播放过程中的相应操作（如图 3-49）。

图 3-49 音频播放设置

选择功能区中的"剪裁音频"，出现剪裁音频的具体操作区（如图3-50），绿色和红色的卡尺分别代表的是开始和结束的地方。当需要进行微调时，可直接在开始时间和结束时间中输入相应的数字（可精确到毫秒），保留需要的部分。

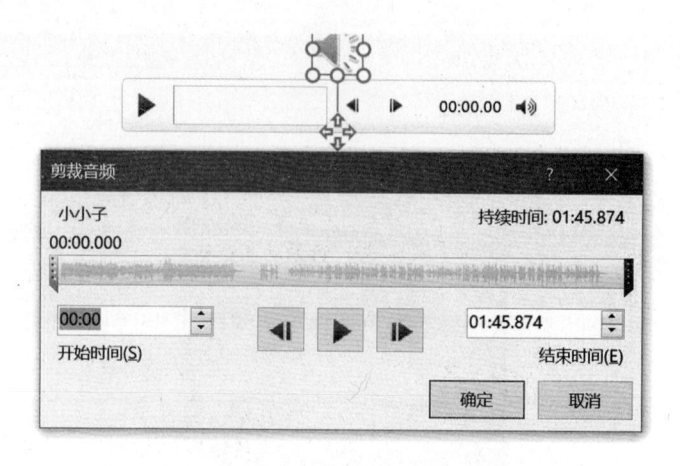

图 3-50　裁剪音频

2. 音频的淡化处理

当把音频剪裁好之后发现开始和结束的部分有时会显得比较突兀，所以，我们需要对剪裁好的音频的开始与结束部分进行淡化处理。

至于淡化的处理方式，同样是在"播放"选项卡中，可直接在淡化持续时间中输入相应的数字（如图 3-51），这样 PowerPoint 2016 可直接对其进行淡化处理。

图 3-51　淡化音频

3. 音频播放的处理

当对音频的处理完成后，可对音频在幻灯片放映过程中的处理进行操作。

若想让音频与幻灯片同时播放，并在幻灯片播放过程中隐藏视频的图标；同时，若需要隔页播放音乐（即在相隔的几页幻灯片区间播放音乐），则可进行如下操作。

首先选中"动画"选项卡，在功能区中将"动画窗格"调整出来（如图 3-52），选择音频"小小子"右侧的下拉菜单（即倒三角），选择"效果选项"功能（如图3-53），可在停止播放区域内选择当播放完所需要的幻灯片后，即可停止；同时，选择"动画播放后隐藏"，即可完成幻灯片播放对音频图标隐藏的效果(如图 3-54）。

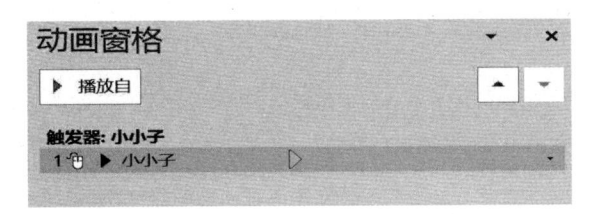

图 3-52 音频动画窗格

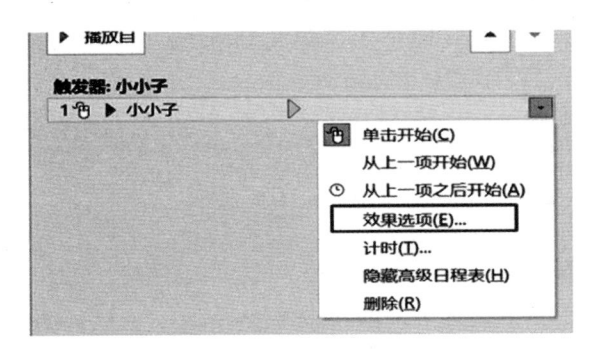

图 3-53 音频效果选项

另外，在下拉菜单中选择"计时"选项，打开计时选项卡，点击"开始"右侧的黑色倒三角形，出现三个选项："单击时"、"与上一动画同时"和"上一动画之后"。"单击时"是指单击鼠标时开始播放音频；"与上一动画同时"是指从上一项动画开始，即当幻灯片一进入放映状态时，音频即可自动播放；"上一动画之后"是指在上一动画播放完成后开始播放音频。同时，可在重复中选择重复的次数，这个操作主要针对隔页播放音乐的功能，有时音乐比较短，则可在设定的这几页幻灯片中重复播放音频（如图 3-55）。

图 3-54 动画播放后隐藏　　　　图 3-55 重复播放音频

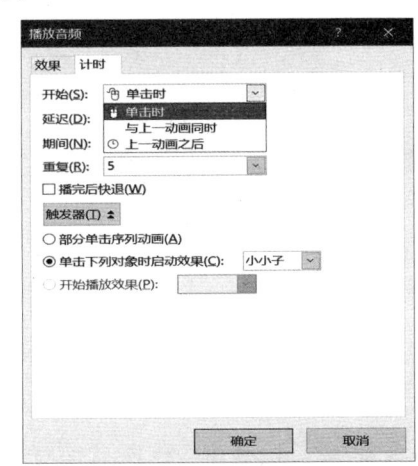

当幻灯片需要对视频进行操作时，可参考上述音频的操作。

小贴士

幼儿园课件导入部分的制作

由于幼儿园的教学活动时间相对而言比较短，所以在正常的活动组织过程中，教师的课件设计通常会避免使用视频或音频，但在活动的导入环节，可利用简短的视频或音频，引起幼儿的注意力和兴趣，例如一次"保护益虫"的活动中，可利用视频、音频等导入"青蛙"这种常见的益虫。

操作流程：

1. 根据主题选择相应的背景

在前文中曾经提到过选择背景时应注意的问题。首先本次活动的对象是幼儿，其次活动的主题是"保护益虫"，所以在选择背景时，应考虑幼儿的心理年龄特点及活动主题的特点。

可选择色彩比较鲜艳，并能凸显主题特点的图片，可利用一些卡通的小昆虫做装饰的图片（如图3-56）。

图3-56 装饰图片

2. 根据活动内容选择相应的导入方式

导入的方式有很多，但在幼儿园的教学活动中，谜语是经常用到的一种导入形式，在本次主题的课件制作过程中，可在导入部分插入相关的谜语，并将其字体设置成符合幼儿的欣赏特点（见图3-57）。

身穿绿袍小英雄
夏天田里捉害虫
冷风吹来找不见
春天又在池塘里

图 3-57　导入字体设置

3. 插入音、视频，引起幼儿兴趣

导入通常是在活动开始时使用，这时幼儿刚从户外活动回来，需要用一些方法将他们的注意力吸引到本次活动中，这时就能凸显音、视频在活动过程中的重要性了。

在本次活动中，可用儿歌视频或音频辅助导入（如图3-58），特别是一些儿歌的视频，在活动过程中更能引起幼儿的注意力。

图 3-58　音频视频导入

任务四　动画的设计与操作

动画是课件制作过程中相对比较核心的部分,若想实现课件的完整性、艺术性及实用性,就需要在课件中加入动画的操作。相对于其他行业复杂、炫丽的动画设计,幼儿园课件的设计则相对简单,其根本目的依然是通过动画的操作引起幼儿的注意力。通过本任务的学习,了解动画的几种操作形式,能在PowerPoint 2016进行简单的动画操作,能使用触发器控制动画的开始和结束。

一、动画的操作形式

PowerPoint 2016的动画形式与其他版本的基本相同,主要有四种类型。

1. 进入效果

进入效果是指将幻灯片中选定的对象设置为在放映状态下,从无到有,进入幻灯片的效果。

操作方法:首先选中操作区中的对象,选择"动画"选项卡,在"进入"效果中选择所需要的类型(如图3-59)。

图3-59　进入效果设置

2. 退出效果

退出效果是指在幻灯片中,指定对象设置为在放映状态下,从有到无,退出幻灯片的效果操作的方法可参考进入效果。

3. 强调效果

强调效果是指在幻灯片中，指定对象在放映状态下，通过改变其颜色、大小、位置等形式，引起幼儿的注意力，其操作方法可参考进入效果。

4. 动作路径

动作路径是指在幻灯片中，指定对象在放映状态下，按照画定的路线进行位置上的移动。

二、动画窗格的认识与功能操作

当添加好动画后，我们可通过"动画"选项卡中的"动画窗格"进行相应的操作。

1. 动画窗格中符号所代表的意义

如图 3-60 中，左边的数字加鼠标的符号，表示幻灯片在放映状态下，单击鼠标的次数及相对应出现的动画的效果。

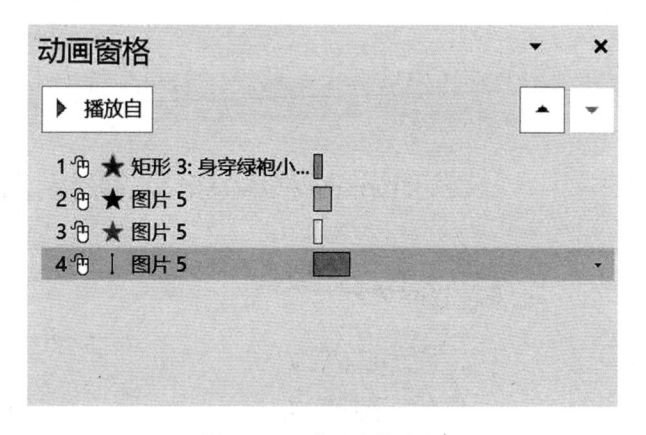

图 3-60　动画窗格意义

小鼠标右边的五角星共有绿、红、黄三种颜色，绿色代表进入状态，红色代表退出状态，黄色代表强调状态。第四个代表的是这个对象的动作路径。

五角星的右边，显示的是本动画相对应的对象名称。

最右边的长度条则代表了本动画所持续的时间。

2. 动画的相关操作

（1）控制动画开始的方式。

选择动画条右侧的下拉菜单，则出现图 3-61 的状态，其中上方三个选项指的是控制动画开始的方式。

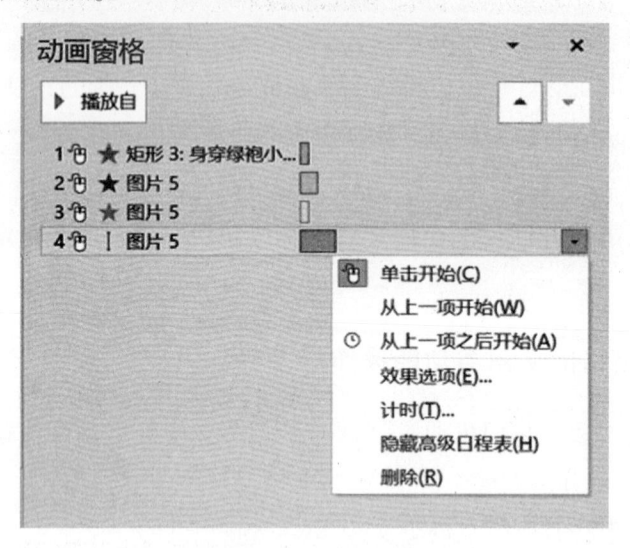

图 3-61 动画窗格状态

单击开始：在幻灯片放映状态下，单击鼠标才能出现此动画。

从上一项开始：在幻灯片放映状态下，与上一个动画同时出现。若选择此操作，则动画条前的数字和小鼠标相应消失（如图 3-62）。

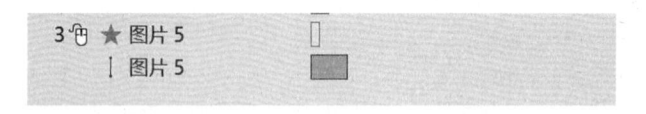

图 3-62 从上一项开始设置

从上一项之后开始：在幻灯片放映状态下，当上一个动画结束时，才能出现此动画效果。若选择此操作，则动画条前的数字消失，小鼠标相应变为时钟的状态（如图 3-63）。

图 3-63 从上一项之后开始设置

（2）"效果选项"的操作。

在下拉菜单中，有一个"效果选项"，点击进入后，出现图 3-64 的界面，其中"设置"区主要是对操作对象出现的方向进行设置，"增强"区可对操作对象出现后进行隐藏、变色等相应的操作。

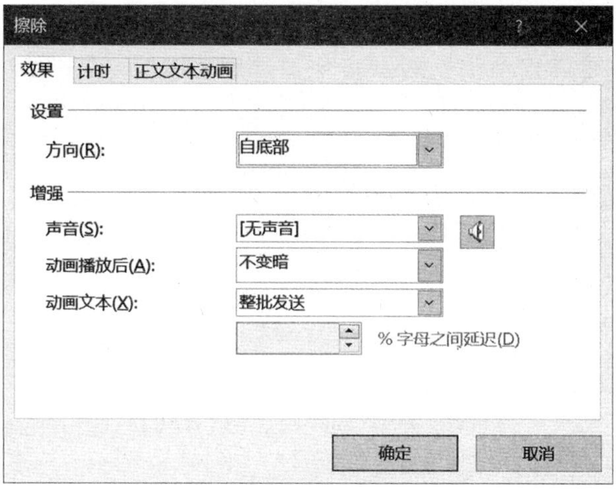

图 3-64 效果选项设置

如果操作对象为文本，可以选择动画文本出现的方式，可作为整批发送，同时也可将动画文本按词组或按字发送。

(3) "计时"的操作。

在计时功能中，除了能对动画开始的控制方式进行操作外，还可改变动画出现的延迟时间。例如，单击鼠标后动画本应立即出现，但若选择"延迟"，则可延迟相应的时间之后才出现。

"期间"功能指的是本动画持续的时间长短，其默认有五个固定的选项（如图3-65），但如果我们对动画的持续时间有特殊要求，可以直接在"期间"右侧的空白处输入动画持续的时间长度，例如可直接输入"10 秒"。

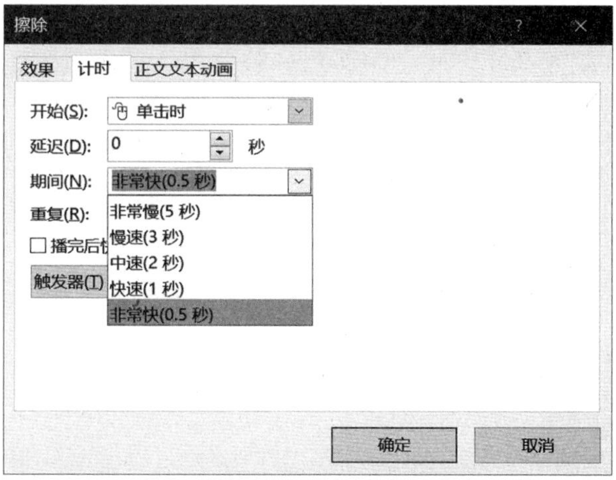

图 3-65 "期间"设置

"重复"功能是指本动画需要重复的次数，在设置时可以选择相应的次数，同时也可选择"直到下一次单击"或"直到幻灯片末尾"（即当幻灯片结束时，动画才能停止）（如图3-66）。

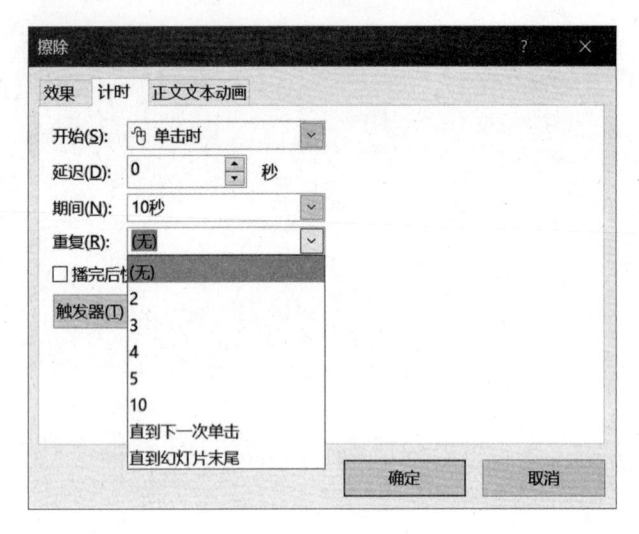

图3-66 "重复"设置

三、触发器的使用

触发器是PowerPoint中动画操作的一项功能，指的是对某一个或某一组动画设置一个控制器，这个控制器可以是图片、图形、按钮，也可以是页面中的一个段落或文本框。简单来说，触发器就是动画的一个开关，通过它可以控制设定好的动画。

触发器要设置到想要的动画上，即想让开关操作哪个动画，就需要在这个动画上进行触发器的操作。例如图3-67，当单击绿色矩形时，图片5（即小青蛙，图片5是PowerPoint对其的名称）才能出现，则需要在图片5的动画条上进行操作。

图 3-67　触发器演示图

操作流程：在"计时"功能中，单击"触发器"，选择"单击下列对象时启动效果"，在右侧的下拉菜单中选择"矩形 1"（如图 3-68），点击确定即可。这时"矩形 1"实际上已经成为了小青蛙出现的一个开关，在幻灯片放映状态下，只有单击绿色的矩形，才能出现小青蛙；而单击其他的地方则不会出现这个效果。

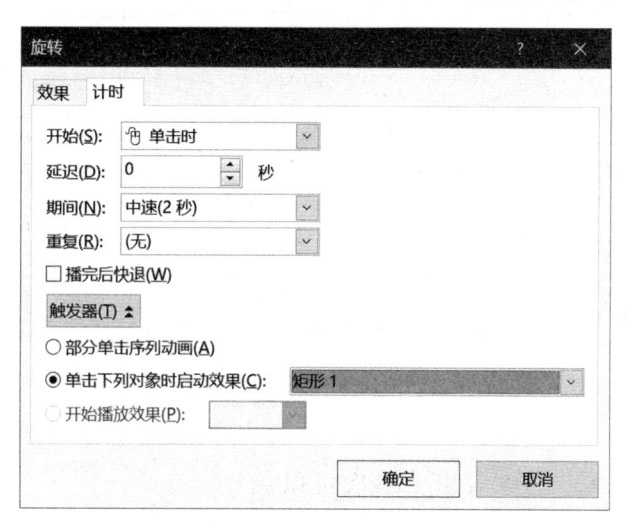

图 3-68　触发器课件

触发器在幼儿园是常用的工具之一，在后文"培养能力"中将会讲解幼儿园触发器的实际案例。

培养能力

幼儿园的一次数学课设计

在幼儿园的一次数学课中，需要设计如图 3-69 的一个课件，要求当幻灯片在放映状态下，幼儿单击"3"时，"问号"退出，"3"移动到"1+2="的后边，同时，页面中出现"大拇指"的图片；当幼儿单击"2"时，"问号"退出，"2"移动到"1+2="的后边，同时，页面中出现"哭脸"的图片。

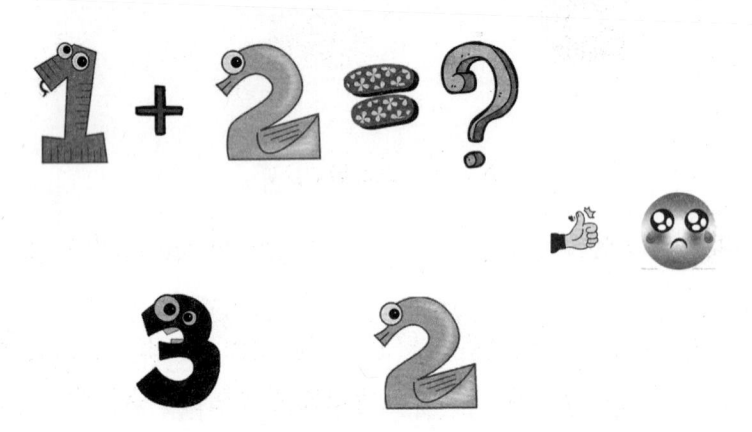

图 3-69 触发器运用

操作流程

插入好图片后，首先处理的是，当儿童单击"3"时出现的动画。

选中数字"3"后，单击选项卡中的"动画"，添加动画，这里需要添加的动画效果是想让数字"3"从现在的位置移动到现在"?"的位置，所以应对数字"3"添加动作路径的效果，选择动作路径中的"直线"。这时实际的效果是"3"从上往下移动，即图片 3-70 的效果，其中绿色的三角表示操作对象开始的位置，而红色的三角则表示其结束的位置，所以我们需要将选中红色的三角，将其拖至"?"的位置（如图 3-71）。

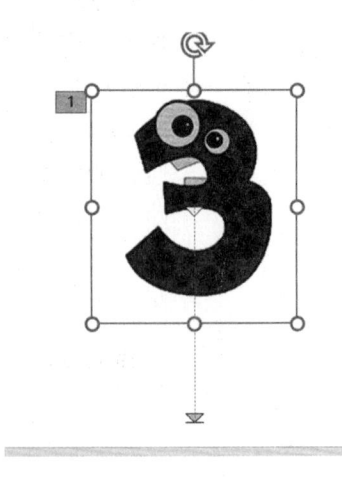

图 3-70 触发器的效果

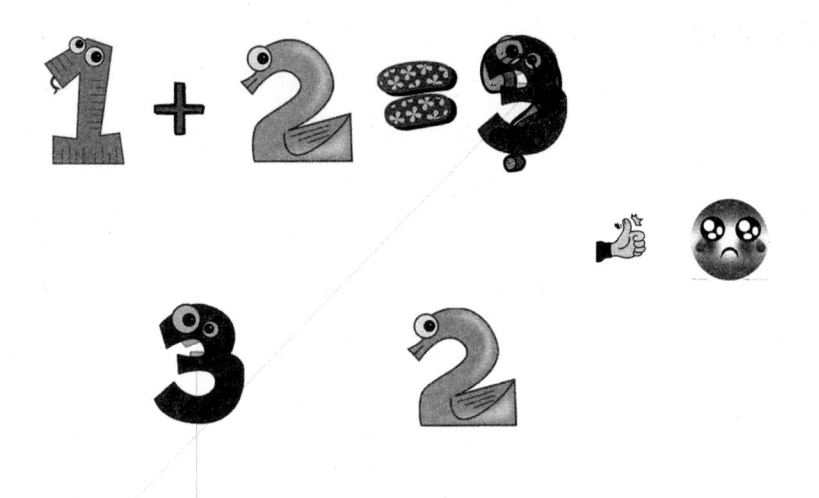

图 3-71 触发器的设置

数字"3"的动画处理好了之后,在"大拇指"和"?"上分别加一个进入和退出的效果。

接下来,就需要对之前做过的动画加一个触发器了,由于希望达到的效果是单击数字"3"时才能出现上述的效果,所以需要将触发器做到数字"3"上。首先在数字"3"的动画条中点击下拉菜单,选择"计时"功能,单击"触发器"并将"单击下列对象时启动效果"选择为图片 12(即数字"3"在 PowerPoint 中所对应的名称),单击确定即可(如图 3-72),这样在幻灯片放映状态下,单击数字"3"会出现"3"向上移动的效果。"?"和"大拇指"的操作,无需重复上述步骤,只需要在动画窗格中将两者的动画条拖动到触发器底下,并将其动画控制设置为"从上一项开始"(如图 3-73)。

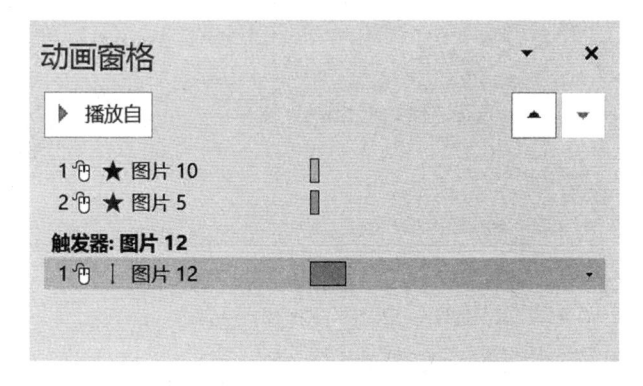

图 3-72 单击下列对象启动效果

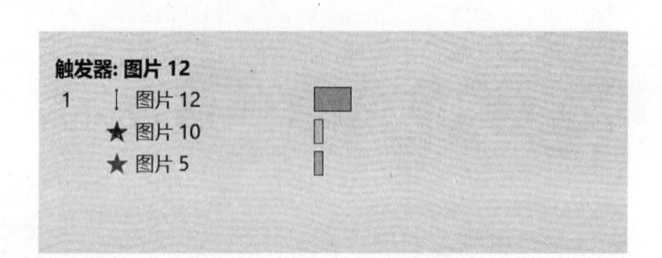

```
触发器: 图片 12
1   | 图片 12        ▭
    ★ 图片 10        ▯
    ★ 图片 5         ▯
```

图 3-73　从上一项开始设置

对于数字"2"的操作，可参考上述数字"3"的过程。操作完成后，需注意两个问题：其一，"?"的退出效果只能设置一次，且只能放到一个触发器底下控制，所以需要将其中一次设置为动作路径，让"?"退出到操作区之外（如图 3-74）；其二，由于在活动开始之前，教师无法预测儿童会单击哪个数字，所以需要呈现两个完全相同的幻灯片（只需将做好的一页幻灯片复制即可，如图 3-75），当儿童选择数字"2"时，教师可直接将幻灯片切入到下一页，让儿童重新选择。

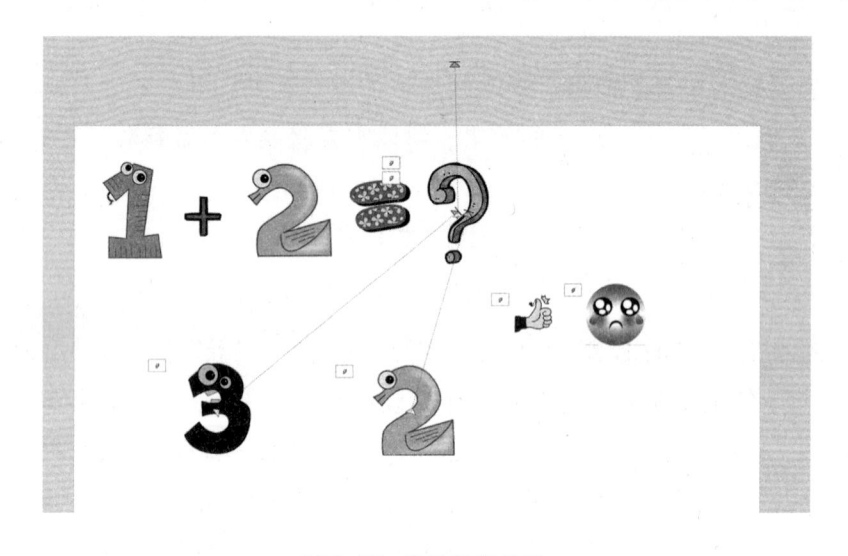

图 3-74　图片退出设置

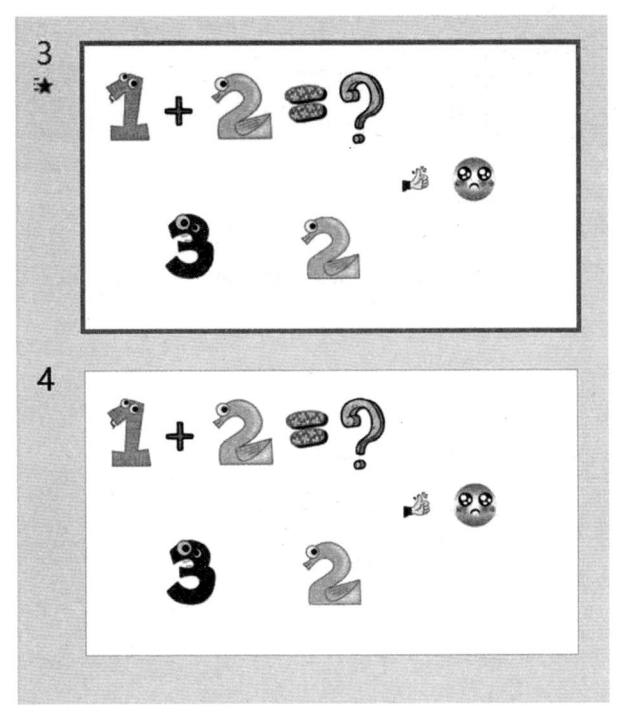

图 3-75　复制图片

资源拓展

幼儿园教师制作课件之我见[①]

随着多媒体技术的迅猛发展以及电脑的广泛普及，实现教育信息化和现代化已成为幼教改革的重头戏，近两年，作为现代化教育手段的多媒体教学已在幼儿园中得到广泛应用。与传统教学手段相比，多媒体教学能化静为动、化远为近、变小为大、声像并茂，改变了过去只利用挂图、图片等呆板、单一的表现形式，使一些在日常生活中很难呈现或不易观察到的过程形象地展现出来，大大提高了幼儿的学习兴趣和活动效果，扩展了幼儿的信息量。

但是，有相当一部分幼儿园教师缺乏相应的知识准备，迫于形式，不得不开始学习制作课件，由于他们缺乏系统的学习，在现代教育理念、课件设计思想和制作技术等各个方面存在着不足与缺陷，导致为了使用而使用。实质是把多媒体当成了传统教学的新工具，在教学中，我们时常会看到一些简单文字加图片的课

[①] 幼儿园教师制作课件之我见［EB/OL］．［2012-12-09］　http://data.06abc.com/20121209/91680.html

件。

在这种情况下，许多老师制作的多媒体课件根本无法体现多媒体的优势与特点。所以要使用好多媒体设备，教师的电教水平也应不断提高，教师应该掌握课件的制作。下面，我就对课件的制作谈一谈自己切身的体会。

一、学会使用多媒体制作软件，要善于收集积累资料并创建自己的素材库

要制作出优秀的课件，我们除了要掌握电脑的基本操作方法和原理外，还必须熟练掌握常见的多媒体制作软件的使用，如 Authorware 等。俗话说：活到老，学到老。我们应该不断地加强学习各种实用软件的操作方法和相关的理论知识来充实自己，提高自己的课件制作水平。

另外，评价一个课件成功与否在很大程度上取决于素材的搜集与整理，凡是制作过课件的老师都有同感，制作课件的前期工作（找素材）要花费很长的时间，没有素材，你有再好的构思、创意，再高的制作水平也无法制作出精美的课件来。我经过摸索，总结出了一点小经验：建立自己的素材库，平时注重对素材的收集和积累。

首先，在你的电脑里新建一个素材库，再根据自己的需要进行逐一分类，如：动物、植物等等，依次类推。平时看到有价值、精美的素材，例如一些好的音效素材、图片素材等，我们可以做个有心人，把它们一一进行归类整理，存放到自己的素材库当中，为制作课件做好充足的准备。

二、制作课件要充分利用电脑的编辑功能

在制作课件的过程中，我们还应该利用电脑对声音、图形、图片、视频、动画等各种信息进行处理，使制作的课件既科学合理，又生动活泼，让幼儿的多种感官进行感知、感受，丰富和富于变化的视觉画面和听觉效果能大大激发幼儿学习的欲望。

在制作中我们可以利用扫描仪将清晰美丽的图片输入到电脑中，也可以利用电脑的绘图功能进行随心所欲的画图、修改、上色。在对已有的图形不满意时可通过图形处理软件对图中各个部分进行单独处理，例如利用裁切、移动、缩放、复制等功能，使原有的图片更加理想化，具有动态效果。运用 Flash 制作出生动变化的文字，运用 Authorware 将各种图片、动画组合编辑，使画面产生形象生动、形如动画的效果；同时我们还应该在课件中加入一些音乐和音响效果，以便于更好地表达教学内容。

三、制作课件要充分体现人机互动原则

多媒体教学更注重幼儿的主体地位和教师的主导作用,有效地激发幼儿的学习动机,那么我们在制作课件时就应该充分体现人机互动原则。例如我制作的课件《设计一双鞋子》里设计了一个版块,让幼儿拖动鼠标对鞋子进行四季的分类,孩子很有兴趣,这也是本课件的一大亮点。

另外,我还将有关鞋子的网站链接到课件上,让幼儿在上课前自己进入网站浏览有关鞋子的图片,增加对鞋子的认识,为活动做好了准备。在美术活动中,让幼儿操作鼠标为图片上色;把准备好的一些图片让幼儿进行分类、计算等活动。这样就使讲授与演示融为一体,在丰富多彩富于变幻的信息双向传递中,幼儿能够愉快、自然、主动地学习。

同时,在课件中应注意及时的交互应答,不能把课件变成电影一放到底,要注重孩子的学习是一个循序渐进的过程,并留有思考的余地。例如电脑在孩子出现判断错误时,总是以孩子可以理解的方式(比如"给一个烂苹果"、"小兔子哇哇大哭"等)告诉孩子:"你错了!",孩子们发现自己的错误,他首先感觉到的不是沮丧,而是挺好玩,这样可以大大提高孩子的学习自尊心,避免传统教学当中由于人为的因素(比方说那天老师心情不好)而在孩子不听话或回答不了问题时用粗暴的语言而造成对孩子人格的伤害。

四、课件要紧扣重点难点

课件要紧扣教学的重点和难点,突出重点、突破难点,尤其要考虑传统媒体难以突破的难点。幼儿期充满好奇,他们常常对自然现象、动植物产生浓厚的兴趣,而这些内容往往很难直接用语言表达清楚。比如,雷电的形成,青蛙捕捉害虫等,这时我们就可借助多媒体图文并茂、声像结合的优势,变静态挂图为动态画面,变说教为形象的视觉刺激,充分调动幼儿的听觉、视觉、感觉的协同作用,使幼儿犹如身临其境,轻松突破教学的重点、难点。

总之,多媒体课件的制作并非一日之功,还需要我们多实践、多操作,在实际的制作和使用中不断的总结和归纳,从而达到精益求精。只要我们不断学习、提高认识、求真务实、大胆创新,多媒体辅助教学就会真正走进幼儿园,成为教学的一道亮丽风景线,发挥其独特的教学辅助作用。

自助餐厅

1. 根据《电》和《水》主题活动内容，从健康、语言、社会、科学和艺术中任选一领域，制作一符合幼儿年龄特点的课件。要求：有首页和结束页；取材适宜，内容科学、正确、规范，体现幼儿年龄和领域适宜性；符合幼儿园保教活动要求，结构清晰，能激发幼儿兴趣等。

2. 通过网上下载相关图片、音频或视频，制作母亲节或父亲节贺卡。

3. 根据所学内容，制作六一儿童节主持人所用的课件。

项目四　Flash 8.0 课件设计与制作

Flash 是 Macromedia 公司推出的一种优秀的矢量（矢量图形最大的优点是无论放大、缩小或旋转等不会失真）动画编辑软件，Flash 8.0 是其最新的版本。利用该软件制作的动画尺寸要比位图动画文件（如 GLF 动画）尺寸小的多，用户不但可以在动画中加入声音，视频和位图图像，还可以制作交互式的影片或者具有完备功能的网站。通过对该项目的学习，幼儿教师应熟悉 Flash 动画的特点，Flash 8.0 的界面组成元素，并通过制作实例了解 Flash 动画的一般步骤。

表 4-1　教学任务一览表

教学任务	掌握知识→培养能力→资源拓展。
掌握知识	掌握 Flash 8.0 的基本功能、基本设计工具的使用和一些基本绘图技巧，掌握 Flash 8.0 基础动画制作和复杂动画制作，在 Flash 8.0 中添加图像、声音和视频文件的知识和技巧。
培养能力	通过综合实战练习让幼儿教师的 Flash 课件制作得到全方位综合能力的训练。
资源拓展	在 Office 办公软件中插入 Flash 文件。
自助餐厅	Flash 8.0 动画制作基本方法和过程。

掌握知识

幼儿的认知特点是认知活动受兴趣驱使，而认知过程是以形象思维为主的，其效果有赖于丰富的表象，例如声音、色彩、动画形象等。运用现代教育技术，尤其是运用电脑将 Flash 课件引入课堂，是符合幼儿思维特点的，对促进幼儿身心素质发展，也具有重要的实践意义。幼儿园使用 Flash 课件要注意幼儿的兴趣爱好、注意方向、保持程度、思维方式、动手能力等方面；要充分运用色彩、声音、图形、动画、视频等多种表现手段，来展现事实，再现情境，提供模仿，引起注意。而课件的结构要科学完整，界面要精美活泼，内容要生动形象，练习要丰富多样，操作要方便简捷，这样才能吸引幼儿的注意力，利于他们的学习。

任务一 初识 Flash 8.0

Flash 课件在幼儿园教学中，它能用来创设情境、化抽象为具体、变静态为动态，通过它实现信息共享、人机交互和及时反馈，使幼儿学得乐意，学得扎实，学得满足。而要发挥电脑功能优势的关键主要在软件设计，这种设计必须既具有科学性，又具有符合幼儿年龄认知特点的启蒙性和趣味性，在幼儿教育活动中应用，以达到促进幼儿身心发展的目的。而 Flash 是有针对性的 Micromedia 公司发布的一个面向 WEB 的矢量图形和动画创作软件，是一种交互式矢量多媒体技术，用其可以创建具有交互、动感、声音等充满魅力的 WEB 站点。所以将 Flash 用于幼儿园的课件制作中是十分适用而有必要的。

一、Flash 简介

Flash 是一种创作工具，设计人员和开发人员可使用它来创建演示文稿、应用程序和其他允许用户交互的内容。Flash 可以包含简单的动画、视频内容、复杂演示文稿和应用程序以及介于它们之间的任何内容。通常，使用 Flash 创作的各个内容单元称为应用程序，即使它们可能只是很简单的动画。可以通过添加图片、声音、视频和特殊效果，构建包含丰富媒体的 Flash 应用程序。

Flash 特别适用于创建通过 Internet 提供的内容，因为它的文件非常小，Flash 是通过广泛使用矢量图形做到这一点的。与位图图形相比，矢量图形需要的内存和存储空间小很多，因为它们是以数学公式而不是大型数据集来表示的。位图图形之所以更大，是因为图像中的每个像素都需要一组单独的数据来表示。

要在 Flash 中构建应用程序，可以使用 Flash 绘图工具创建图形，并将其他媒体元素导入 Flash 文档。接下来，定义如何以及何时使用各个元素来创建设想中的应用程序。

在 Flash 中创作内容时，需要在 Flash 文档文件中工作。Flash 文档的文件扩展名为".fla"（FLA）。Flash 文档有四个主要部分：舞台是在回放过程中显示图形、视频、按钮等内容的位置；时间轴用来通知 Flash 显示图形和其他项目元素的时间，也可以使用时间轴指定舞台上各图形的分层顺序；位于较高图层中的图形显示在较低图层中的图形的上方；库面板是 Flash 显示 Flash 文档中的媒体元素列表的位置。

ActionScript 代码可用来向文档中的媒体元素添加交互式内容。例如，可以添加代码以便用户在单击某按钮时显示一幅新图像，还可以使用 ActionScript 向应用程序添加逻辑应用程序，逻辑应用程序能够根据用户的操作和其他情况采取不同的工作方式。Flash 包括两个版本的 ActionScript，可满足创作者的不同具体需要。

Flash 包含了许多种功能，如预置的拖放用户界面组件，可以轻松地将 ActionScript 添加到文档的内置行为，以及可以添加到媒体对象的特殊效果。这些功能使 Flash 不但功能强大，而且易于使用。

完成 Flash 文档的创作后，可以使用"文件"→"发布"命令发布它。这时会创建文件的一个压缩版本，其扩展名为".swf"（SWF）。然后，就可以使用 Flash Player 在 Web 浏览器中播放 SWF 文件，或者将其作为独立的应用程序进行播放。

二、安装与启动 Flash 8.0

要使用 Flash 8.0，必须先安装该软件，在安装的过程中要将以前使用的版本关闭方可安装，然后根据说明进行安装。安装完成后启动 Flash 8.0 界面（如图 4-1），在这个界面中显示了"开始"页，它分为下面三栏。

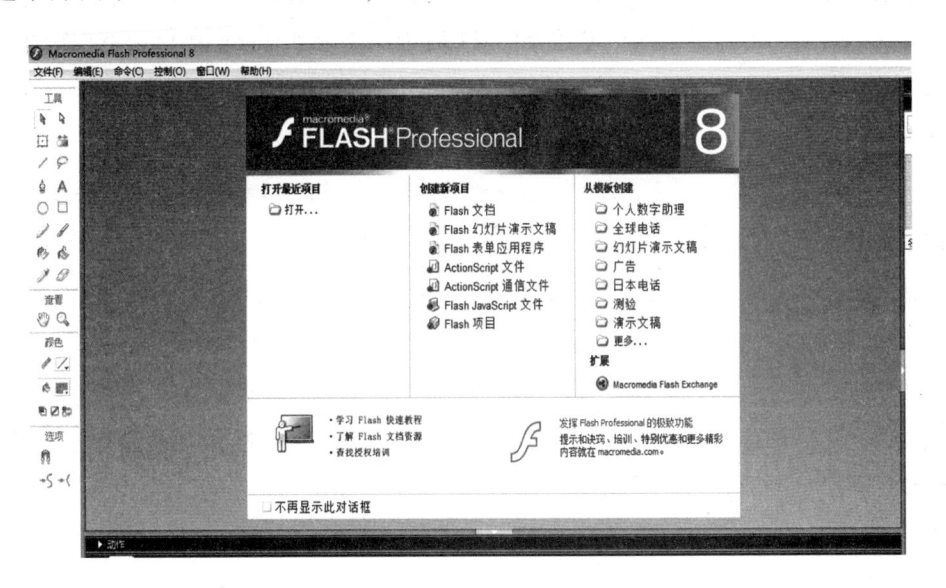

图 4-1 Flash 8.0 启动界面

打开：该栏目显示最近操作过的文件，并在下面显示了"打开"按钮，然后单击其中的一个文件，即可直接打开该文件。

创建新项目：它提供了 Flash 8.0 可以创建的文档类型，用户可以直接单击选择。

从模板创建：提供了创建文档的常用模板，用户可以直接单击其中一种模板类行。

三、熟悉 Flash 8.0 的工作环境

要创建动画，用户首先要了解它的工作环境，了解一些基本的概念，如舞台、图层、帧与关键帧。本节主要介绍这方面的情况。

启动 Flash 8.0，并在"开始"页中选择一项进行，就可进入 Flash 的工作环境。如图 4-2，Flash 8.0 的工作界面主要有舞台、主工具栏、工具箱、时间轴、属性面板和多个控制面板等几个部分。

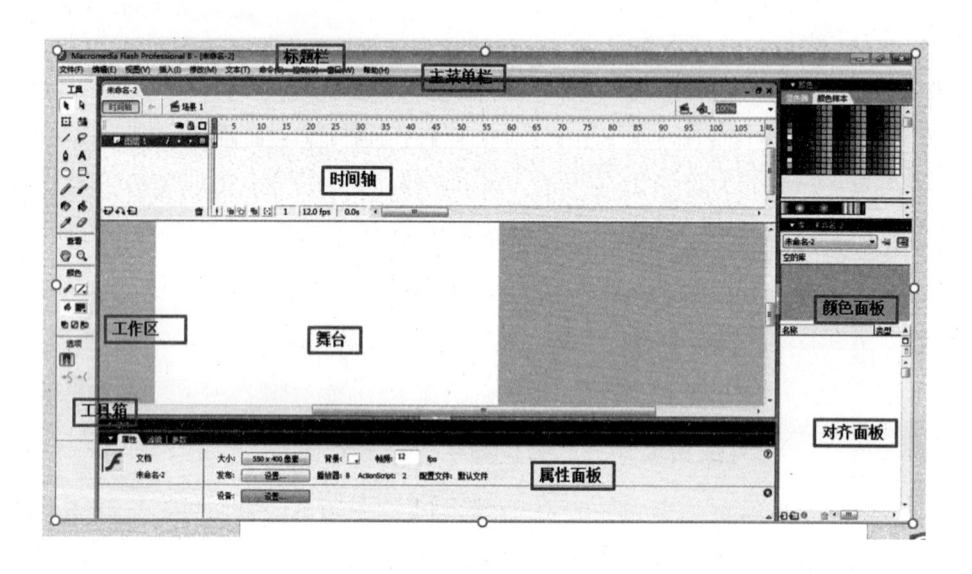

图 4-2　Flash 8.0 工作界面

四、舞台视图缩放

要用指定的比例放大或缩小舞台，可选择"视图"→"缩放比率"菜单，并从弹出的子菜单中选择合适的缩放百分比（如图 4-3）。

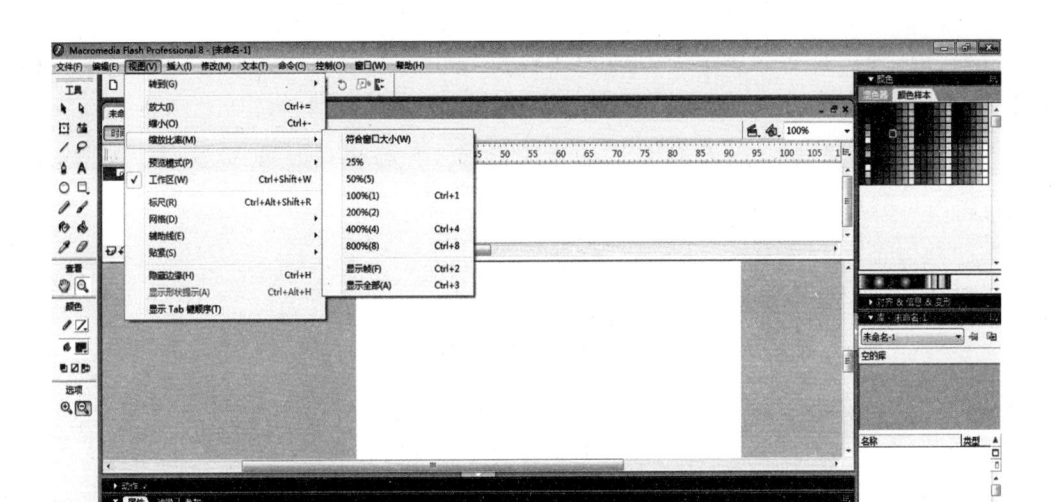

图 4-3　Flash 8.0 舞台缩放界面

用放大工具可以直接对图片进行缩放。工作时根据需要可以改变"舞台"显示的比例大小，可以在"时间轴"右上角的"显示比例"中设置显示比例，最小比例为 8%，最大比例为 2000%。在下拉菜单中有三个选项，符合窗口大小选项用来自动调节到最合适的舞台比例大小；显示帧选项可以显示当前帧的内容；全部显示选项能显示整个工作区中包括在"舞台"之外的元素。

选择工具箱中的手形工具，在舞台上拖动鼠标可平移舞台；选择缩放工具，在舞台上单击可放大或缩放舞台的显示；选择缩放工具后，在工具箱的选项下会显示出两个按钮，分别为放大和缩小，分别单击它们可在"放大视图工具"与"缩小视图工具"之间切换。选择缩放工具后，按住键盘上的 Alt 键，单击舞台，可快捷缩小视图。

五、使用时间轴

时间轴用于组织和控制文档内容在一定时间内播放的图层数和帧数。与胶片一样，Flash 文档也将时长分为帧。图层就像堆叠在一起的多张幻灯胶片一样，每个图层都包含一个显示在舞台中的不同图像。时间轴的主要组件是图层、帧和播放头。

文档中的图层列在时间轴左侧的列中。每个图层中包含的帧显示在该图层名右侧的一行中。时间轴顶部的时间轴标题指示帧编号。播放头指示当前在舞台中显示的帧。播放 Flash 文档时，播放头从左向右通过时间轴。

当时间轴状态显示在时间轴的底部，它指示所选的帧编号、当前帧频以及到当前帧为止的运行时间。

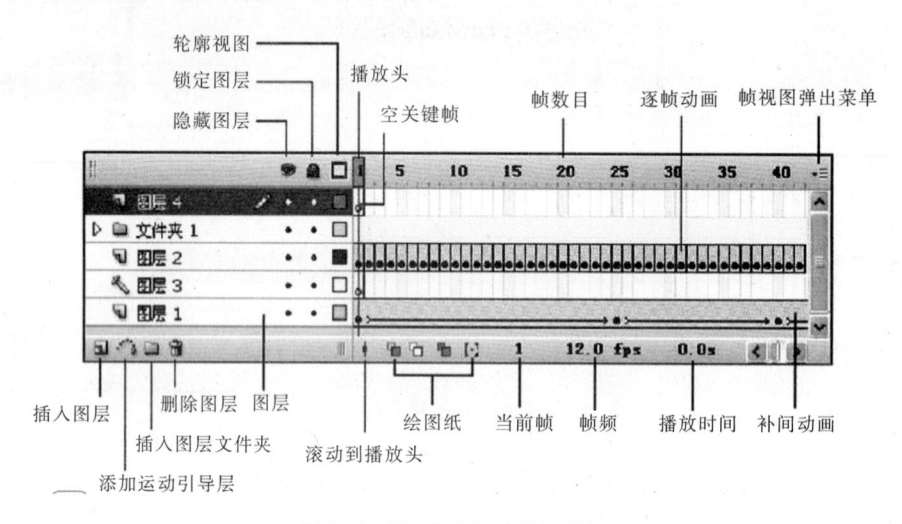

图 4-4 Flash 8.0 时间轴界面

六、更改时间轴的外观

默认情况下，时间轴显示在主应用程序窗口的顶部，要在舞台上更改其位置，可以将时间轴停放在主应用程序窗口的底部或任意一侧，或在单独的窗口中显示时间轴，也可以隐藏时间轴。可以调整时间轴的大小，从而更改可以显示的图层数和帧数。如果有许多图层，无法在时间轴中全部显示出来，则可以通过使用时间轴右侧的滚动条来查看其他的图层。

移动应用程序中的时间轴可拖动面板标题栏中时间轴左边的抓手。停放时间轴要将时间轴标题栏拖动到应用程序窗口的一个边缘。按住 Ctrl 键拖动时将禁止时间轴停放。

拖动时间轴中分隔图层名和帧部分的栏可进行其增减。

要调整时间轴的大小可将时间轴停放在主应用程序窗口，请拖动分隔时间轴和舞台区域的栏。

如果时间轴没有停放在主应用程序窗口中，请拖动右下角（Windows）或右下角的大小框（Macintosh）。

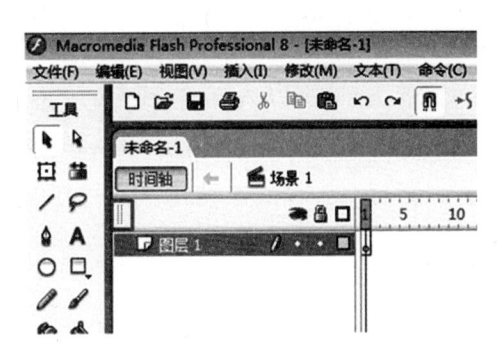

图 4-5 Flash 8.0 时间轴更改界面

七、使用帧和关键帧

"帧"是动画制作中的一个概念词，一帧代表着动画作品中连续画面中的一个画面效果。在传统动画里，要完成一个动作需要将这个动作按每秒 24 帧一张一张画出来，但是在 Flash 里面就不必绘制每一帧，只要确定动作开始的一帧和结束的一帧，其余过渡动作就会自动生成。在时间轴上，帧编辑区中横向排列的小方格就是帧，每一帧对应的上方的数字是帧的编号。

关键帧：决定起点、终点的帧就是关键帧，表现在时间轴上就是实心的带黑点的小格。在其中定义了对动画的对象属性所做的更改，或者包含了 ActionScript 代码以控制文档的某些方面。Flash 可以在定义的关键帧之间补间或自动填充帧，从而生成流畅的动画。因为关键帧可以不用画出每个帧就可以生成动画，所以能够更轻松地创建动画。可以通过在时间轴中拖动关键帧来轻松更改补间动画的长度。

过渡帧：两个关键帧之间带箭头的区域，是 Flash 自动生成的过渡动作，叫过渡帧。

空白关键帧：与关键帧的行为完全相同，只是没有任何内容，时间轴上空心的圆圈就代表空白关键帧。

八、在时间轴中处理帧

在时间轴中，可以处理帧和关键帧，将它们按照想让对象在帧中出现的顺序进行排列，可以通过在时间轴中拖动关键帧来更改补间动画的长度，还可以将帧和关键帧拖到同一图层中的不同位置，或是拖到不同的图层中。

帧的具体操作如下。

1. 如何插入帧

在空白帧上右击鼠标，弹出右键菜单，执行其中的"插入帧"命令。

2. 如何删除帧

在需要删除的帧上右击鼠标，弹出右键菜单，执行其中的"删除帧"命令。

3. 如何插入关键帧

在空白帧□或者静态帧□上右击鼠标，弹出右键菜单，执行其中的"插入关键帧"命令。

4. 如何插入空白关键帧

在空白帧□或者静态帧□上右击鼠标，弹出右键菜单，执行其中的"插入空白关键帧"命令。

5. 如何清除关键帧

在需要清除的关键帧□上右击鼠标，弹出右键菜单，执行其中的"清除关键帧"命令。

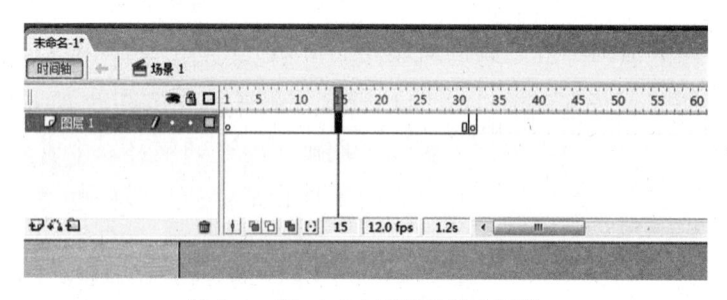

图 4-6　Flash 8.0 时间轴更改界面

九、图层的使用

图层就像透明的醋酸纤维薄片一样，在舞台上一层层地向上叠加。图层可以组织文档中的插图，可以在图层上绘制和编辑对象，而不会影响其他图层上的对象。如果一个图层上没有内容，那么就可以透过它看到下面的图层。要绘制、上色或者对图层或文件夹进行修改，需要在时间轴中选择该图层以激活。时间轴中图层或文件夹名称旁边的铅笔图标表示该图层或文件夹处于活动状态，一次只能有一个图层处于活动状态（尽管一次可以选择多个图层）。当创建了一个新的

Flash 文档之后，它仅包含一个图层，也可以添加更多的图层，以便在文档中组织插图、动画和其它元素。可以创建的图层数只受计算机内存的限制，而且图层不会增加发布的 SWF 文件的文件大小；只有放入图层的对象才会增加文件的大小；可以隐藏、锁定或重新排列图层；还可以通过创建图层文件夹然后将图层放入其中来组织和管理这些图层；可以在时间轴中展开或折叠图层文件夹，而不会影响在舞台中看到的内容。对声音文件、ActionScript、帧标签和帧注释分别使用不同的图层或文件夹有助于在需要编辑这些项目时快速地找到它们（如图 4-7 所示）。

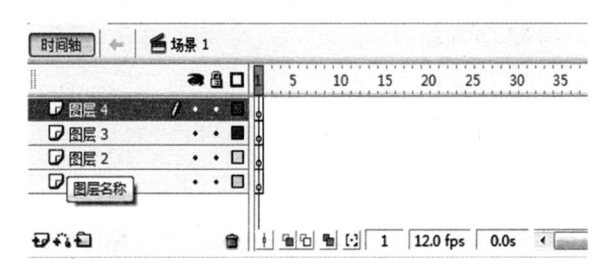

图 4-7　Flash 8.0 图层界面

十、库的介绍

Flash 中的"库"是用来贮存元件符号的，它既可以贮存 Flash 中生成的元件符号，也可以贮存从别处导入到 Flash 中的元件符号。并且，我们在制作动画的过程中，还可以查看、组织这些库文件，所有的库内素材都按名称列表于窗口内，在素材名称旁边有个小图标用来指示该素材文件类型。当选择了某个库内项目时，在窗口的顶部会显示其预览略图。

如果选择的项目是动态的，或者是声音文件，则可以点击库窗口的播放按钮来预览该项目。

1. 如何将素材放入到库中

（1）方法一：

① 选择菜单【文件】/【导入】/【导入到库】命令，将素材导入到库中；

② 按下快键 "F11" 命令，调出库面板，查看素材是否导入成功。

（2）方法二：

① 利用选择工具 ▶ 选择舞台上的素材；

② 执行快键 "Ctrl+F8" 命令，将选择的素材转换到元件中，并选择元件的类型；

③ 按下快键"F11"命令，调出库面板，查看素材是否导入成功。

2. 如何使用库中的素材

鼠标左键点击库中需要的素材，然后直接拖拉到舞台中使用。

3. 如何从另一个 Flash 文件中打开库

（1）选择菜单【文件】/【导入】/【打开外部库】命令；

（2）寻找含有要将其库打开的 Flash 文件，然后点击打开。被选择的文件的库就被打开到当前影片中，并且在库窗口顶部显示该文件名。然后用拖拽的方法，便可以将库内项目应用到当前电影中。

4. 如何使用库窗口里的文件夹

使用文件夹，可以组织库窗口里的各个项目，如同 Windows 的资源管理器一样，当创建一个新的元件后，它便贮存在选择的文件夹内。如果没有选择文件夹，那么该元件就存在根目录中。

（1）点击库窗口底部的"新文件夹"按钮，生成一个新的文件夹；

（2）拖拽某个文件夹中的项目，然后将其放到另一个文件夹中，便可以实现项目在各个文件夹间的移动；

（3）双击文件夹，或者选择一个文件夹，然后在库窗口上的选项菜单中执行"展开文件夹"或"打开文件夹"命令就可以将选择的文件夹打开或者关闭。

5. 如何在库窗口里将项目归类

如同 Windowsws 的资源管理器一样，库窗口内的项目也可以归类，而且也是按照字母或数字顺序归类，项目的归类有助于快速检寻项目和相关项目。归类是在同一个文件夹内进行的。

归类方法很简单，双击某个项目的题头，便可以更改题头名称，在名称前加入数字或字母。点击题头行最右侧的虚线三角形，可以在升序和降序排列方式间转换。

6. 如何编辑库内项目

在 Flash 中，对导入的文件以及外部编辑器中库内的项目，按照以下方法进行编辑操作：

（1）在库窗口中选择要编辑的项目；

（2）然后从右键菜单中选择以下其一：

① 选择"编辑"，在 Flash 中编辑该项目；

② 选择"编辑方式",然后挑选一个在外部编辑器中编辑项目的程序。

7. 如何将库内的项目重命名

库内的项目是可以重命名的,对导入文件项目的重命名方法是:

(1) 双击库内某项目名称,进入到重命名编辑状态;

(2) 在文本内输入新的名称。

8. 删除库内项目

当库内的某个项目被删除后,电影中该项目的所有替身和事件也将全部被删除,删除项目的方法是选择项目,然后点击库窗口底部的废物桶图标 ,将该项目删除。

9. 查找无用项目

查找无用项目并将其删除,可以有效地缩减 FLA 文件体积,这样做不会影响 SWF 文件的大小,因为 SWF 文件中不会包含无用的库内项目。

采取以下操作,可以查找未用的库内项目: 执行"F11"命令,显示库面板,打开选择弹出式选项菜单,然后选择"选择未用项目"。

十一、元件的介绍

"元件"就像是给图形套上了一件"衣服",这件"衣服"上隐藏着分身术的魔法。图形穿上它后,可以无限制地让同一个图形无限次地出现在舞台上。而且不管你如何将舞台上的图形分身变胖变瘦,图形原本的真身却是不会变化的。

但是,如果你进入到元件中编辑元件,那些与其相同的分身将会相应变化。

1. 如何新建元件

(1) 方法一:

先在舞台上绘制一个图形,然后利用选择工具 选择图形,并且按下快捷键"F8"将选择图形转换为元件。可以将图形分别选择转换为"影片剪辑"、"按钮"、"图形"三类元件。

(2) 方法二:

① 可以看到元件库的最下面有 按钮,这是指新增一个新元件命令。

② 在元件库中双击新元件,进入元件编辑状态就可以绘制图形了。

2. 如何从元件库中调取元件

元件相当于舞台的演员,调用元件就是把演员给请到舞台上。请演员到舞台上的方法是，直接点中库面板中缩略图或者元件名称，按住不放，然后拖到舞台上。

3. 如何设置元件属性

首先来了解一下元件的属性栏里的内容（如图 4-8 所示）。

图 4-8 元件的属性

宽高——管理元件的长宽，如果想通过比例放大的话，就把左边的锁给锁上。

XY——指元件的 XY 坐标。

交换——就是把这个元件和其他元件调换，但是其位置不会改变。

颜色——这里我们主要讲的是"颜色"，它有下面 4 个选项都是经常用的，如表 4-2 所示。

表 4-2 颜色属性

名称	描述
亮度	给元件加上亮度
色调	给整个元件加上颜色
Aplha	给整个元件增加透明度
高级	可以增加颜色，透明度，上面 3 种方法的总和

4. Flash 元件的复制与替换

（1）复制元件功能。

① 我们先做一个按钮 1。

② 我们还需要几个相同的按钮，但是一个个做会很麻烦。那么，现在请同学们按快键 "F11" 打开元件库，在 "按钮 1" 上点击右键，在弹出快捷菜单中选择 "直接复制"，出现直接复制元件的对话框，点击 确定 就可以了。

（2）替换元件功能。

① 用前面的方法继续制作 "按钮 3" "按钮 4" "按钮 5"，把它们都放到舞

台上。

② 我们现在想把"按钮 1"和"按钮 5"的位置换一下。

请选中"按钮 1",在属性面板下面有个交换按钮。选中出现了对话框,前面有黑点的是你现在的元件,你选择"按钮 5"按确定。这是就成功地把"按钮 5"换成"按钮 1"了。(如图 4-9 所示)。

图 4-9 交换元件

任务二 Flash 8.0 基础动画制作

Flash 动画是通过连续播放一幅幅静态的图片画面,给视觉造成连续变化的效果,它的基本原理与电影、电视一样,都是利用人的眼睛具有"视觉暂留"的特性,就是说人的眼睛看到一幅画或者一个物体后,在 1/24 秒内不会消失。利用这一原理,在上一幅画还没有消失之前播放下一幅画,就会给人的眼睛造成一种画面连续变化的效果。通过本任务的练习,能够让幼儿教师掌握 Flash 8.0 基础动画中逐帧动画、运动渐变动画和形状渐变动画的制作要点,会制作简单的基础动画。

一、逐帧动画

逐帧动画是将动画中的每一帧都设置为关键帧,在每一个关键帧中创建不同的内容。这就像放影片一样,将一个连续的动作分解成若干只有微小变化的静态图片,将这些静态图片快速连续播放,根据视觉暂留原理,人的眼睛将原来并不连续的静态图片看成一个连续的动作。制作逐帧动画,需要将每一帧都定义为关键帧,在每个关键帧中创建不同的图像。

逐帧动画制作流程主要包括:

(1) 创建一个新图层;

(2) 在起始帧位置插入一个空白关键帧;

(3) 在空白关键帧中制作和编辑画面内容；

(4) 在编辑完成的关键帧后插入另一空白关键帧进行编辑，使之与上一帧略有不同；

(5) 重复步骤（4）的操作，创建其他各帧，直至全部制作完毕；

(6) 保存文件。

注：若每帧的画面已用其他绘图软件制作成系列图片文件，则（4）（5）两步可并为一步，即使用 File/Import 命令导入系列图片文件。

示例 1　奔跑的小人

设置舞台属性，大小为 200 * 250，帧速率为 12。

选择菜单"文件→导入→导入到库"，将 5 张小人图片导入到库。

在第 1 帧，从"库"中将 01.gif 图片拖到舞台上。

在第 2 帧插入空白关键帧，从"库"中将 02.gif 图片拖到舞台上。

在第 3 帧插入空白关键帧，从"库"中将 03.gif 图片拖到舞台上。

在第 4 帧插入空白关键帧，从"库"中将 04.gif 图片拖到舞台上。

在第 5 帧插入空白关键帧，从"库"中将 05.gif 图片拖到舞台上。

保存文件，按"Ctrl+Enter"测试影片。

示例 2　打字效果

设置舞台属性，大小为 400 * 200，颜色为深蓝。

在第 5 帧插入空白关键帧。

选用"文本工具"，在属性面板上设置字体"黑体"，样式"Bold"，大小"80 点"，颜色"白"。

在舞台上输入文本"世界地理"。选中文本，按键盘上的"Ctrl+B"，将其打散为 4 个文本。

在第 10 帧插入关键帧。

在第 15 帧插入关键帧。

在第 20 帧插入关键帧。

在第 25 帧插入帧。

在第 5 帧删除后 3 个文本，在第 10 帧删除后 2 个文本，在第 15 帧删除后 1 个文本。

保存文件，按"Ctrl+Enter"测试影片。

二、运动渐变动画

运动渐变动画是 Flash 中非常重要的表现手段之一，通过实例、文字等创建运动渐变动画，可以改变这些对象的位置、尺寸、旋转或者倾斜。运动渐变动画的创建是在一个关键帧上放置一个元件，然后在另一个关键帧改变这个元件的大小、颜色、位置、透明度等，Flash 根据二者之间帧的值创建动画。

运动渐变动画的制作过程主要包括：

（1）创建一个新图层；
（2）在起始帧位置，插入一个空白关键帧；
（3）在空白关键帧中制作和编辑画面内容；
（4）单击时间轴中的结束帧位置，插入另一个关键帧（或空白关键帧）；
（5）在结束关键帧中编辑画面内容；
（6）创建运动动画，并设置运动参数；
（7）保存文件。

示例 1　Flash 运动动画

制作一幅动画，将字符串"Flash 运动动画"从右往左平移，文字颜色为蓝色。操作步骤如下：

（1）单击菜单栏中的"新建"按钮；
（2）编辑起始关键帧。在第 1 帧工作区中右端输入字符串"Flash 运动动画"；
（3）编辑结束关键帧。单击时间轴的第 30 帧，按"F6"创建一关键帧，将文字拖至工作区的左端；
（4）将鼠标移至时间轴的第 1 帧，单击鼠标右键打开快捷菜单，选择"创建补间动画"命令；
（5）单击播放工具栏中的播放按钮，观看播放效果；
（6）保存文件。

三、形状渐变动画

形状渐变动画是在一个关键帧中绘制一个形状，然后在另一个关键帧中更改该形状或者绘制另一个形状，Flash 根据二者之间的帧的值或者形状，通过计算生成中间各个帧来创建的动画。形状渐变动画可以实现两个图形之间颜色、形状、大小、位置的相互变化，使用的元素多为绘画出来的"形状"，才能创建形状渐变动画。

1. 制作运动渐变动画的限制条件

（1）起始帧和结束帧中的运动对象只能是形状；

（2）当运动对象是文字、符号或组合体时，必须先通过打散命令将它们打散。

判定形状的方法：当使用鼠标单击所选择的对象时，对象会被小圆点覆盖。

2. 形状渐变动画的制作过程

（1）创建一个新图层；

（2）在起始帧位置插入一个空白关键帧；

（3）在空白关键帧中制作和编辑画面内容；

（4）单击时间轴中的结束帧位置，插入一个（空白）关键帧，在其中编辑制作形状；

（5）在属性面板中单击 Tween 右侧文本框的下拉箭头选择 Shape 选项，创建形变动画；

（6）保存文件。

示例 1　"圆形"变"矩形"

设置舞台属性，大小为 400 * 300，颜色为深蓝。

在第 1 帧的舞台上绘制一个圆形（注意，这时第 1 帧由空白关键帧转换为关键帧）。

在第 5 帧插入关键帧（注意，第 5 帧的图像是对第 1 帧图像的复制）。

在第 20 帧插入空白关键帧，在舞台上绘制一个矩形。

在第 25 帧插入帧。

在 5~20 任意帧上右击，选择"创建补间形状"。

保存文件，按"Ctrl+Enter"测试影片。

示例 2　变形文字

设置舞台属性，大小为 300 * 300，颜色为深蓝。

选用"文本工具"，在属性面板上设置字体"Arial"，样式"Bold"，大小"200 点"，颜色"黄"。

在第 1 帧的舞台上输入文本"A"。

在第 5 帧插入关键帧。

在第 20 帧插入关键帧，将文本改为"B"。

在第 25 帧插入关键帧。

在第 40 帧插入关键帧，将文本改为"C"。

在第 45 帧插入关键帧。

在第 60 帧插入关键帧，将文本改为"A"。

在每个关键帧的舞台上选中文字，按"Ctrl+B"将其打散。

在 5~25、25~40、45~60 帧上"创建补间形状"。

保存文件，按"Ctrl+Enter"测试影片。

示例 3　变形图片

设置舞台属性。

选择菜单"文件→导入→导入到库"，将图片"鱼"导入到库。

在第 1 帧，从"库"中将图片"鱼"拖到舞台上。

选择"任意变形工具"，按住 Shift 键，等比例调整图片的大小。

选中图片"鱼"，按"Ctrl+B"将其打散。

在第 10 帧插入关键帧。

在第 30 帧插入空白关键帧，输入文本"鱼"。

选中文本"鱼"，按"Ctrl+B"将其打散。

在第 40 帧插入帧。

在 10~30 帧上"创建补间形状"。

保存文件，按"Ctrl+Enter"测试影片。

任务三　Flash 8.0 复杂动画制作

复杂动画就是一个动画场景中含有多个动画过程，甚至有的还有背景层（画面不动的图层）。复杂动画制作前需要分析一个较复杂的动画场景，它们往往是由多个动画过程组合显现而成的。

在 flash 动画制作过程中，有些动画效果满足不了我们的需求，这个时候就要借助于复杂动画。本任务将介绍复杂动画的制作要点，下面我们通过几个简单示例来了解复杂动画的制作过程。

示例1　沿直线运动的小球

设置舞台属性，大小为 600*200，颜色为浅蓝。

在第 1 帧的舞台上绘制一个小球（笔触颜色为无、填充颜色为放射状渐变），将小球置于舞台左边。

选中小球，按键盘上的 F8，将其转为图形元件。

在第 24 帧插入关键帧。

在第 24 帧的舞台上，按住 Shift 键，水平向右移动小球。

在 1~24 任意帧上右击，选择"创建传统补间"。

保存文件，按"Ctrl+Enter"测试影片。

示例2　时隐时现的小球

设置舞台属性，大小为 600*200，颜色为浅蓝。

在第 1 帧的舞台上绘制一个小球，将小球置于舞台左边。

选中小球，按键盘上的 F8，将其转为图形元件。

在第 15 帧插入关键帧，按住 Shift 键将小球移动到舞台中央。

在第 30 帧插入关键帧，按住 Shift 键将小球移动到舞台右边。

选中第 15 帧，在舞台上选中小球元件，在属性面板上设置"色彩效果—样式—Alpha"值为 0。

在 1~15 任意帧上右击，选择"创建传统补间"。

在 15~30 任意帧上右击，选择"创建传统补间"。

保存文件，按"Ctrl+Enter"测试影片。

示例3　心跳

新建文件，设置舞台属性。

选择菜单"视图→网格→显示网络"。

选择菜单"视图→网格→编辑网络"，设置如图 4-10 所示。

选择菜单"视图→标尺"。然后从标尺中拖出辅助线，如图 4-11 所示。

图 4-10 网格属性

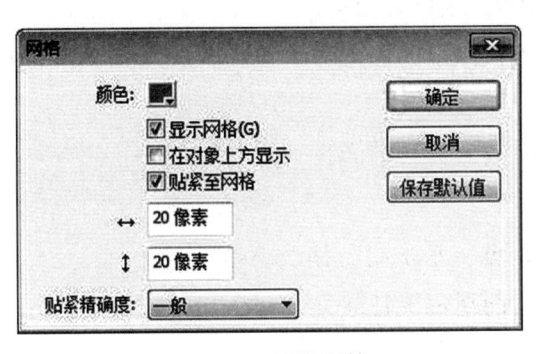

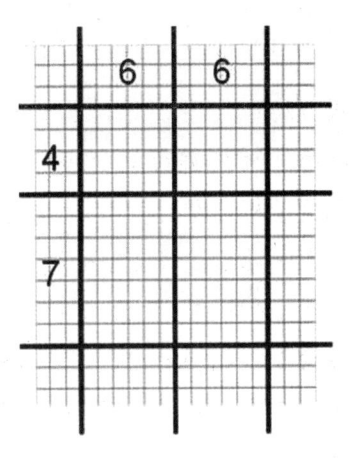

图 4-11 标尺属性

选择"钢笔工具",在"属性面板"上设置"笔触"颜色为黑色,"笔触"宽度为"1",在第 1 帧的舞台上绘制一个心形。

绘制完成后,切换到"选择工具"。选择"窗口→颜色"菜单命令,在颜色面板上设置"填充"类型和颜色,如图 4-12 所示。

使用"颜料桶工具",填充心形。

注意:如果不能填充,请设置颜料桶工具的"空隙大小"选项为"封闭大空隙"如图 4-13 所示。

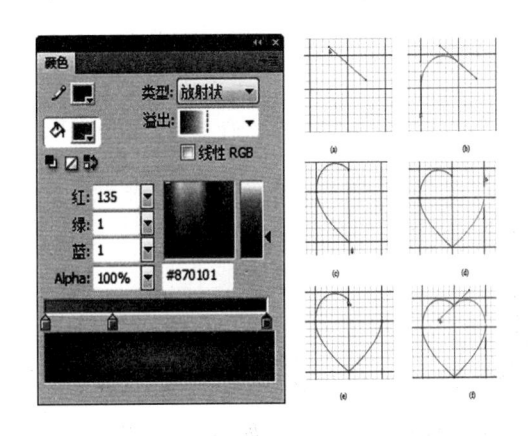

图 4-12 颜色属性

图 4-13 空隙大小属性

删除心形的笔触。

选中心形,按键盘上的 F8,将其转为图形元件。

使用"任意变形工具",按住 Shift 键,将心形等比例缩小。

在第 15 帧插入关键帧。

在第 30 帧插入关键帧。

在第 15 帧，使用"任意变形工具"，按住 Shift 键，将心形等比例放大，并旋转一定的角度。

在 1~15 任意帧上右击，选择"创建传统补间"。

在 15~30 任意帧上右击，选择"创建传统补间"。

保存文件，按"Ctrl+Enter"测试影片。

任务四　Flash 8.0 位图声音和视频

在 Flash 动画的制作过程中，位图、声音和视频是不可缺少的元素。我们一般直接使用导入的位图、声音和视频，但在使用过程中却忽视了许多问题。因为 Flash 是一种基于矢量的图形软件，处理位图声音和视频等格式并不是它的强项，滥用位图声音和视频也很有可能给你的文件带来隐患。因此，通过本任务的完成，让幼儿教师能够初步掌握 Flash 8.0 位图、声音和视频的处理方法，避免不正确的使用带来麻烦。

一、导入位图

在 Flash 中，可以导入的位图有 JPG、GIF、BMP、WMF、EPS、DXF、PNG 等。通常情况下，推荐使用矢量图形，如 WMF、EPS 等格式的文件。导入位图的操作在制作动画的过程中经常使用，不管是导入到舞台还是导入到库，所有的直接导入到文档中的位图都会自动地存放在该文档的【库】面板中。

导入位图的具体步骤如下：

执行【文件】/【导入】/【导入到舞台】菜单命令，打开"导入"对话框，然后将素材文件选中。

小贴士

为位图去掉背景——将位图转换为矢量图的方法

将位图导入到 Flash 文档中，整个位图是以一个整体对象显示的。位图的容量比较大，而且放大后的清晰度会受到很大的影响。Flash 8.0 提供了将位图转换为矢量图的方法，转换后，以色块的形式出现在舞台上。具体的操作步骤如下。

1. 选中导入到舞台中的位图。选择【修改】/【位图】/【转换位图为矢量图】菜单项

2. 弹出【转换位图为矢量图】对话框，参数设置如图 4-14 所示。

图 4-14 参数设置

相关知识：

【颜色阈值】：当两个像素进行比较后，如果它们在 RGB 颜色值上的差异低于该颜色阈值，则这两个像素被认为是颜色相同的，取值范围为 0~500，值越大产生的颜色数量越少。

【最小区域】：用于设置在指定像素颜色的时候要考虑的周围像素的数量，取值范围为 1~1000。

【曲线拟合】：用于设置矢量图轮廓的平滑度，其下拉列表中包含像素、非常紧密、紧密、一般、平滑、非常平滑六个选项。

【角阈值】：用于设置保留锐边还是进行平滑处理，其下拉列表包含较多转角、一般、较少转角的三个选项。

3. 单击 确定 按钮，完成转换。此时舞台中的图片以色块的形式显示。使用魔术棒工具 选择删除周围的白色背景色块，即可得到一幅去除了背景的图像。

二、在 Flash 8.0 中应用声音

声音是 Flash 动画中的一个重要元素，添加了声音的动画将更丰富多彩，更富有艺术表现力。可以导入到 Flash 中使用的声音素材，一般来说有三种格式：MP3、WAV 和 AIFF。在众多格式里，我们应尽可能使用 MP3 格式的素材，因为 MP3 格式的素材既能保持高保真的音效，又可以在 Flash 中得到更好的压缩效果。

（一）将声音导入 Flash

在 Flash 中可以导入WAV、MP3 等多种格式的声音文件。当声音导入到文档后，将被存放在【库】面板中。因此和使用其他元件一样，只需要一个声音文件的副本，就可以在影片中以各种方式使用该声音。

在 Flash 中导入声音文件的具体步骤如下：

（1）新建文档，命名为"导入声音"。

（2）执行【文件】/【导入】/【导入到库】命令，将外部声音导入到当前影片文档的【库】面板中。

（3）等导入声音处理完毕以后，这在【库】面板中看到刚导入的声音文件，以后就可以像使用元件一样使用声音对象了。

（二）引用声音

引用导入到【库】面板中的声音文件，只需将声音元件拖曳到舞台中，这时在舞台看不到任何对象，但是时间轴的第 1 帧已经不再为空白关键帧。

这时按下快捷键"Ctrl+Enter"测试动画，画面上虽没有动画播放，但是已经能够听到所导入的"背景音乐"了。

（三）声音属性设置和编辑

引用到时间轴上的声音，往往还需要在声音【属性】面板中对它进行恰当的属性设置，才能更好地发挥声音的效果。

1. 音效果属性

在时间轴上，选择包含声音文件的第一个帧，在声音【属性】面板中，打开【效果】菜单，这里可以设置声音的效果，如图 4-15 所示。

相关知识：各种声音效果

【无】：不对声音文件应用效果，选择此选项将删除以前应用过的效果。

【左声道】/【右声道】：只在左或右声道中播放声音。

【从左到右淡出】/【从右到左淡出】：会将声音从一个声道切换到另一个声道。

图 4-15 声音"效果"设置

【淡入】：会在声音的持续时间内逐渐增加其幅度。

【淡出】：会在声音的持续时间内逐渐减小其幅度。

【自定义】：可以使用"编辑封套"创建声音的淡入和淡出点。

2. 步效果属性

打开【同步】菜单，这里可以设置【事件】、【开始】、【停止】和【数据流】四个同步选项，如图 4-16 所示。

图 4-16 设置"同步"属性

相关知识：设置同步属性

【事件】：会将声音和一个事件的发生过程同步起来。事件声音在它的起始关键帧开始显示时播放，并独立于时间轴播放完整个声音，即使 SWF 文件停止也会继续播放。当播放发布的 SWF 文件时，事件声音混合在一起。

【开始】：与【事件】选项的功能相近，但如果声音正在播放，使用【开始】选项则不会播放新的声音实例。

【停止】：将使指定的声音静音。

【数据流】：将同步声音，强制动画和音频流同步。与事件声音不同，音频流随着 SWF 文件的停止而停止，而且音频流的播放时间绝对不会比帧的播放时间长。当发布 SWF 文件时，音频流混合在一起。

提示：如果你使用 MP3 声音作为音频流，则必须重新压缩声音，以便能够导出。可以将声音导出为 MP3 文件，所用的压缩设置与导入它时的设置相同。

3. 重复和循环属性

可以设置【同步】选项中的【重复】和【循环】属性，为【重复】输入一个值，以指定声音应循环的次数，或者选择【循环】以连续重复声音。

4. 利用【声音编辑控件】编辑声音

虽然 Flash 处理声音的能力有限，没有办法和专业的声音处理软件相比，但是在 Flash 内部还是可以对声音做一些简单的编辑，实现一些常见的功能，比如控制声音的播放音量、改变声音开始播放和停止播放的位置等。

编辑声音文件的具体操作是：

(1) 在帧中添加声音，或选择一个已添加了声音的帧，如图 4-17 所示。

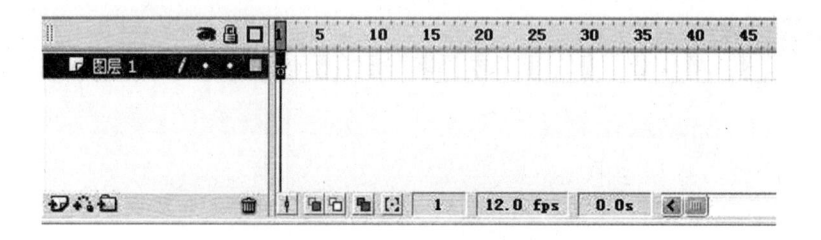

图 4-17 选择已添加声音的关键帧

(2) 打开【属性】面板，单击右边的【编辑】按钮。
(3) 出现【编辑封套】对话框，如图 4-18 所示。

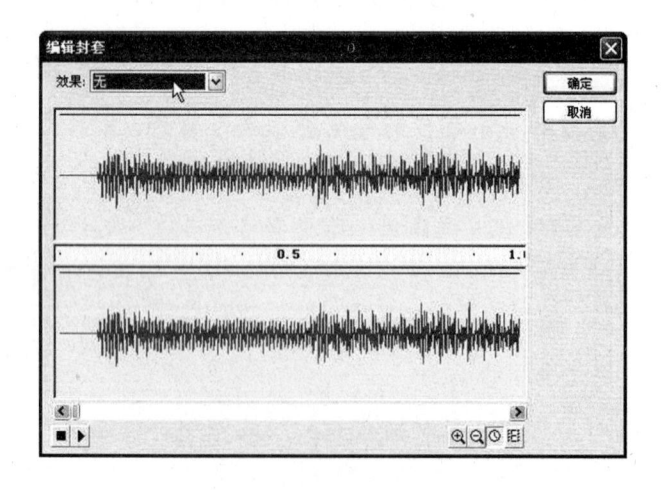

图 4-18 "编辑封套" 对话框

相关知识：编辑封套对话框

1. 要改变声音的起始点和终止点，需拖动【编辑封套】中的小白方框 ⃞ ，来调整"开始时间"和"停止时间"。

2. 要更改声音封套，需拖动封套手柄来改变声音中不同点处的级别。封套线显示声音播放时的音量，单击封套线可以创建其他封套手柄（总共可达 8 个）。要删除封套手柄，请将其拖出窗口。

3. 单击【放大】或【缩小】 🔍🔍 按钮，可以改变窗口中显示声音的范围。

4. 要在秒和帧之间切换时间单位，请单击【秒】🕐 和【帧】▤ 按钮。

5. 单击【播放】▶ 按钮，可以听编辑后的声音。

（4）压缩声音。

Flash 动画在网络上流行的一个重要原因就是因为它的体积小，这是因为当我们输出动画时，Flash 会采用很好的方法对输出文件进行压缩，包括对文件中的声音的压缩。

在【库】面板中直接将声音文件压缩的具体操作方法如下：

1）点击【库】面板中的声音图标 🔊，打开【声音属性】对话框，如图 4-19 所示。

图 4-19 "声音属性"对话框

提示：也可以在【库】面板中选择一个声音，然后在面板右上角的选项菜单中选择【属性】命令。或者在【库】面板中选择一个声音，然后单击【库】面板底部的【属性】按钮 。

在这个【声音属性】对话框中，就可以对声音进行"压缩"了，其中有【默认】、【ADPCM】、【MP3】、【原始】和【语音】5 种压缩模式。

在这里我们重点介绍【MP3】压缩选项，因为这个选项最为常用而且对其他的设置也极具代表性，通过对它的学习可以达到举一反三的效果，掌握其他压缩选项的设置。

2）进行 MP3 压缩设置。

① 设置比特率。

【比特率】这个选项，用来确定导出的声音文件中每秒播放的位数。

Flash 支持 8 Kbps 到 160 Kbps（恒定比特率）。比特率越低，声音压缩的比例就越大，但是我们导出音乐时，需要将比特率设为 16 Kbps 或更高，如果设的过低，将很难获得好的声音效果。

② 设置【预处理】选项。

选择【将立体声转换为单声道】，表示将混合立体声转换为单声（非立体声）。这里需要注意的是，【预处理】选项只有在选择的比特率为 20 Kbps 或更高时才可用。

③ 设置【品质】选项。

选择一个【品质】选项，以确定压缩速度和声音品质。

【快速】：压缩速度较快，但声音品质较低。

【中】：压缩速度较慢，但声音品质较高。

【最佳】：压缩速度最慢，但声音品质最高。

④ 进行压缩测试。

在【声音属性】对话框里，单击 测试(T) 按钮，播放声音一次。如果要在结束播放之前停止测试，请单击 停止(S) 按钮。

这时，如果感觉已经获得了理想的声音品质，就可以单击 确定 按钮了。

三、在 Flash 8.0 中应用视频

Flash 支持视频文件的导入，允许把视频、图形、声音等融为一体，用来帮助用户更轻松的创作视频演示文稿。

Flash 支持的视频格式有许多种,类型会因电脑所安装的软件不同而不同,比如机器上已经安装了 QuickTime 4 和 DirectX 7 及其以上版本,则可以导入包括 MOV(QuickTime 影片)、AVI(音频视频交叉文件)和 MPG/MPEG(运动图像专家组文件)等格式的视频剪辑,如表 4-3 所示。

表 4-3　Flash 支持的视频文件类型

文件类型	扩展名
音频视频交叉	.avi
数字视频	.dv
运动图像专家组	.mpg、.mpeg
QuickTime 影片	.mov
Windows 媒体文件	.wmv、.asf

提示:如果我们导入的视频文件是系统不支持的文件格式,那么 Flash 会显示一条警告消息,表示无法完成该操作。而在有些情况下,Flash 可能只能导入文件中的视频,而无法导入音频,此时,也会显示警告消息,表示无法导入该文件的音频部分,但是仍然可以导入没有声音的视频。

资源拓展

如何在 Office 办公软件中插入 Flash 文件

我们经常使用的 Office 办公软件通常有 Word、Excel、PowerPoint 这三种,而现在用 Flash 软件制作的动画十分流行,有许多都堪称精品。那么在 Word、Excel、PowerPoint 等软件生成的文件中加入 Flash 动画来增加文档的趣味性和生动性,肯定会产生不错的效果。笔者通过实践发现,在 Word、Excel、PowerPoint 中均可以通过与 Flash 整合来实现这种多媒体效果。下面以在 PowerPoint 2016 文档中嵌入 *.swf 文件为例来详细介绍其操作过程,在 Word 与 Excel 中嵌入 *.swf 文件的方法同 PowerPoint 一样,因此本文略去不说。

具体的操作步骤:

1. 首先我们最好把自己的 PowerPoint 2016 和要插入的 SWF 格式 Flash 动画放在一个文件夹,如图 4-20 所示。

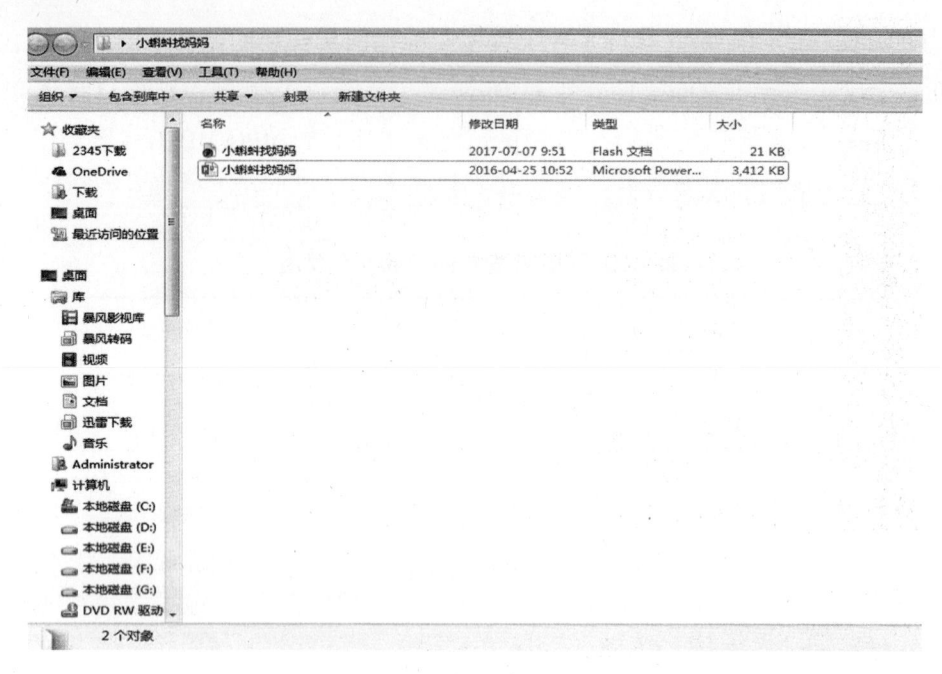

图 4-20　文件演示

2. 打开 PowerPoint 2016，然后打开自己要插入的 SWF 格式 Flash 动画幻灯片，点击文件菜单，如图 4-21 所示。

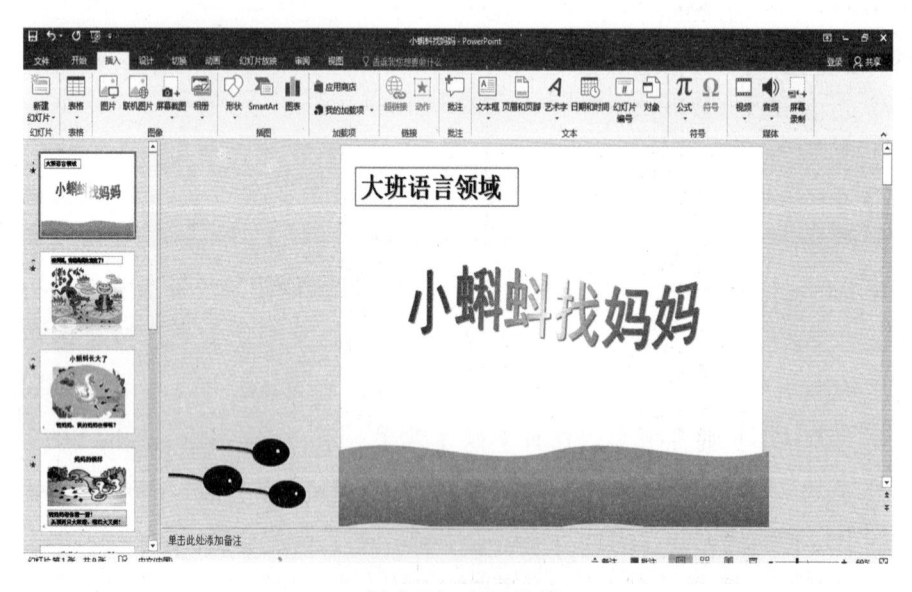

图 4-21　打开文档

3. 这时候我们点击左侧的选项菜单打开，如图 4-22 所示。

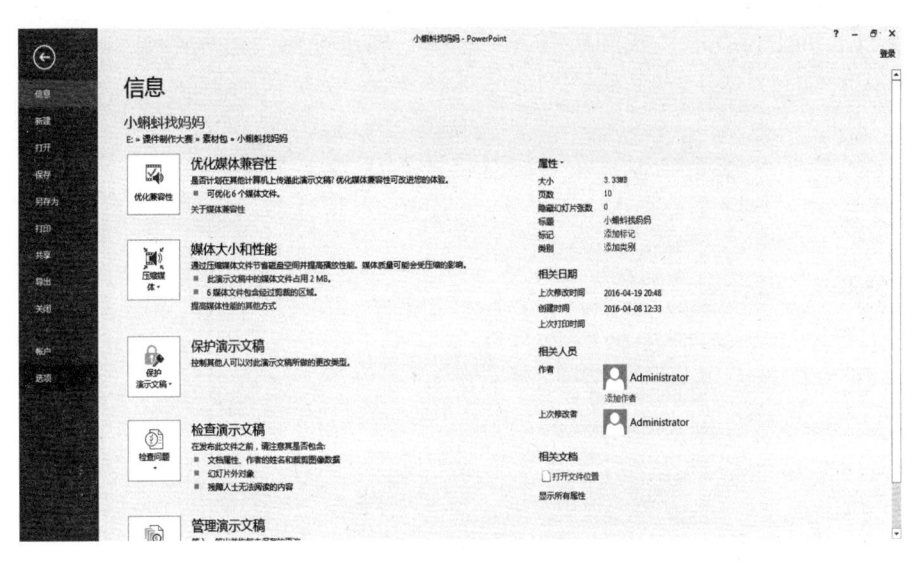

图 4-22　打开选项

4. 在自定义功能区，选择"开发工具"栏并点击下方"确定"按钮，如图 4-23 所示。

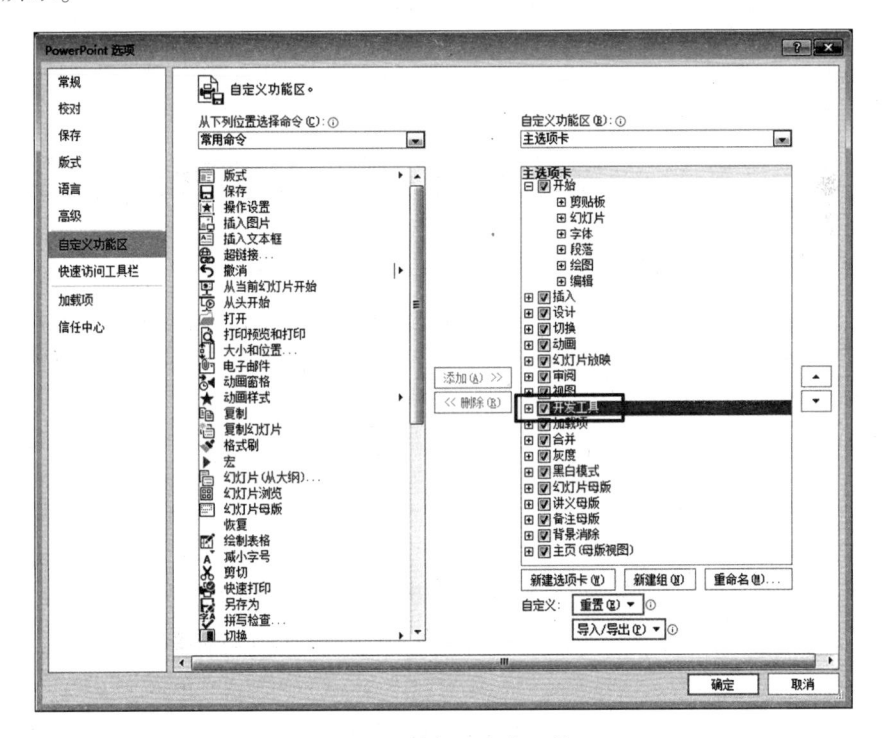

图 4-23　选择"开发工具"

5. 打开"开发工具"，然后点击"其他控件按钮"，在出现的新窗口中，找到

"shockwave flash object",找到后点击"选择"确定按钮,然后点击"确定",如图 4-24 所示。

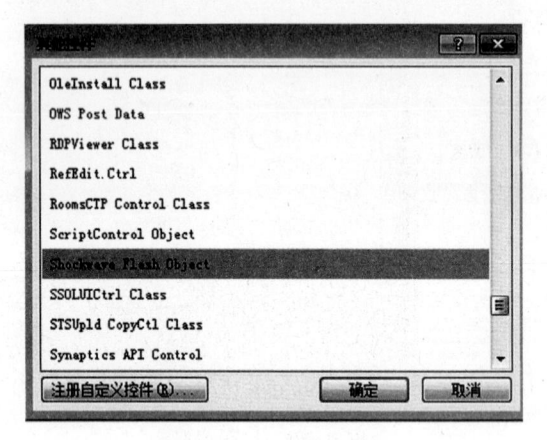

图 4-24 其他空间窗口

6. 用鼠标拖动出来一个区域,然后双击这个区域进入,如图 4-25 所示。

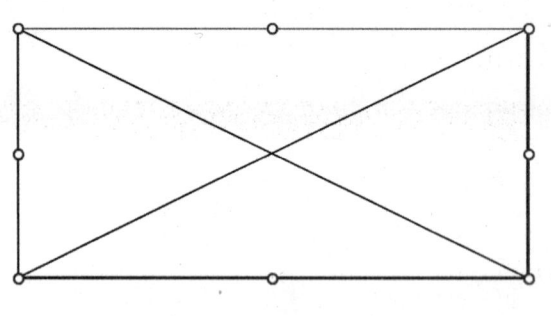

图 4-25 绘制动画区域

7. 现在的界面中,在 MOVIE 中手动输入刚才的 SWF 格式动画的名称,然后关闭当前的窗口,这里不能输入错误,否则无法找到你插入的动画,如图 4-26 所示。

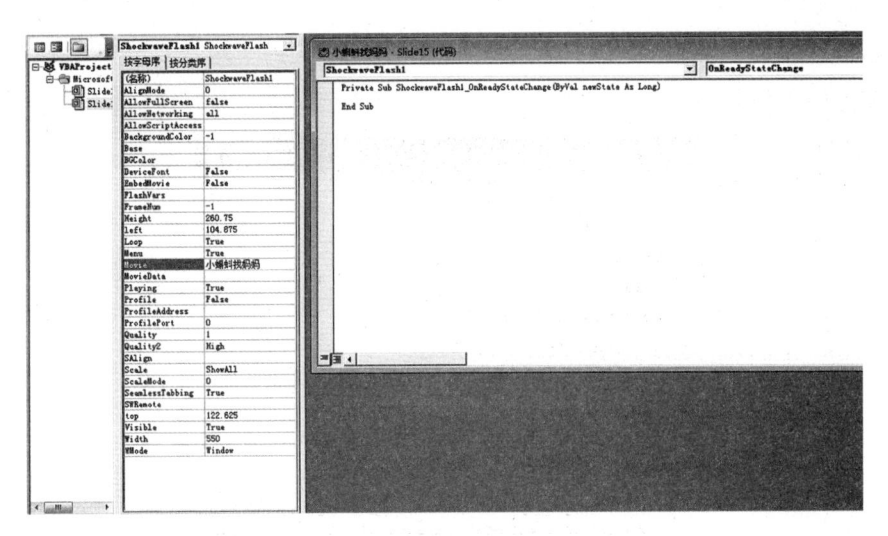

图 4-26 代码窗口

8. 现在播放幻灯片，可以发现自己插入的 SWF 格式的 Flash 动画已经可以播放。最后保存自己修改后的 PowerPoint 2016，以后将文件夹复制即可在其他电脑上播放，如图 4-27 所示。

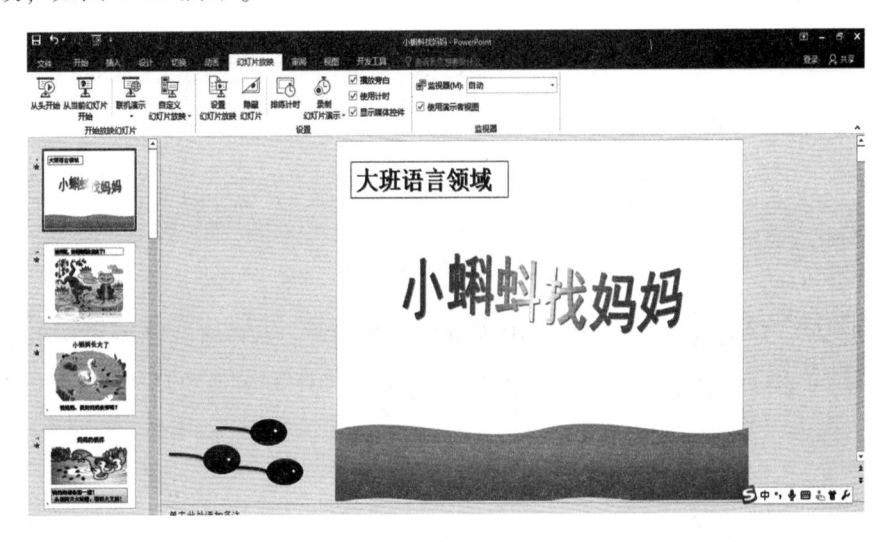

图 4-27 保存

注意事项：

（1）"Height" 和 "Width" 分别为 Flash 的高和宽。"Scale" 默认为 ShowAll，为缩放模式，始终显示 Flash 中的所有内容，如果改为 NoScale，则始终按 1:1 比例播放，不会缩放 Flash 中的内容。

(2)在"属性"对话框中的"Movie"后面的框中输入的内容必须是Flash动画文件的绝对路径,如果输入绝对路径太麻烦或不太清楚什么是绝对路径,有一个简单的办法,那就是将 Word(Excel 或 PowerPoint)文档与要嵌入的 *.swf 文件放在同一个文件夹下,这样你在"Movie"后面的框中输入的内容只需要输入 Flash 动画文件名即可,如 happy.swf。

自助餐厅

Flash 的技术运用

(一)两个小球相撞动画

学习任务:在一个平面上,两个小球相对移动,当两个小球相互撞击后,两个小球向相反的方向运动,同时出现文字提示,并且逐渐消隐。

学习目标:巩固制作动画的基本操作方法。

技术要点:

1. 椭圆工具的使用。

2. 导入对象的方法。

3. 制作补间动画的基本方法,添加普通帧和关键帧的方法。

4. 文字工具的使用。

5. 给矢量对象填充颜色。

(二)七彩文字

学习任务:制作的七彩文字各笔划呈现出不同的颜色和渐变效果,最终效果如图 4-28 所示。

学习目标:学习 Flash 8.0 中文本工具和渐变色的使用,掌握文字制作的一些基本技巧。

技术要点:

1. 文本工具的常用属性设置。

2. 颜料桶工具的使用。

3. Flash 文档的保存。

图 4-28 七彩文字

（三）《日出》——基础动画的应用

学习任务：本实例展示日出的效果，如图 4-29 所示。

学习目标：使用动作补间动画制作太阳的运动，使用淡入效果制作环境颜色的变化。

技术要点：

1. 绘图工具的使用。

2. 创建动作补间动画。

3.【混合器】的使用。

4. 库和元件的应用。

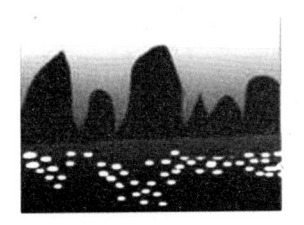

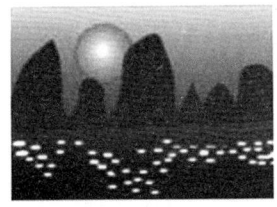

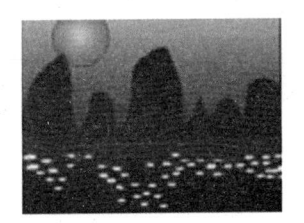

图 4-29 日出的效果

参考文献：

[1] 班祥东，伍佳慧，罗伦红.计算机动画制作案例教程 Flash 8.0 [M].北京：电子工业出版社，2007，08.

[2] 伍福军，张珈瑞.Flash 8.0 动画设计案例教程 [M].北京:北京大学出版社出版时间，2007，08.

[3] PPT 2016 中怎么插入 SWF 格式 Flash 动画 [EB/OL].https://jingyan.baidu.com/article/75ab0bcbc45939d6864db2ea.html2016-05-14

项目五 FrontPage 2003 课件设计与制作

FrontPage 2003 是微软公司最近推出的 Microsoft Office System 套装软件中的重要组成部分。FrontPage 是一款所见即所得的网页和网站制作工具软件,该软件以其强大的功能向导和简单易用著称。FrontPage 2003 是 FrontPage 的最新版本,它集显示编辑网页、HTML 源代码、插入文本、图片、声音、动画、表单、超链接和使用数据库和脚本语言,管理和发布站点的工具为一体,可以在同一界面中完成设计、制作、发布和管理站点的工作,与上一版本相比,此版本附带了许多新增功能和增强功能,可以帮助用户更快地创建设计网站、更轻松地共享设计数据、更有效地管理网站。

表 5-1 教学任务一览表

教学任务	掌握知识→培养能力→资源拓展。
掌握知识	学会使用 FrontPage 2003 来进行幼儿课件的制作,掌握制作幼儿课件的技巧;学会利用 FrontPage 2003 进一步美化幼儿课件,使其富有动态,能够提起幼儿学生的兴趣。
培养能力	掌握现代信息技术,并应用到幼儿园课件中。
资源拓展	如何利用 FrontPage 创建教师个人网站。
自助餐厅	试比较 FrontPage 与 Word 的表格的异同。

掌握知识

网页具有多媒体超文本实现能力,与普通的课件相比,可以生动形象的对课件内容进行展现,采用多媒体可以使交互界面更加丰富。因此对幼儿课件的制作我们可以利用 FrontPage 来进行,使课件制作出来的形式更加丰富多彩。

任务一 初识 FrontPage 2003

FrontPage 是微软公司出品的一款网页制作入门级软件，它结合了设计、程式码、预览三种模式于一体，也可以一起显示程式码和设计检视与 Microsoft Office 各软件的无缝连接，良好的表格控制能力继承了 Microsoft Office 产品系列良好的易用性。

一、FrontPage 2003 简介

FrontPage 是微软公司出品的一款网页制作入门级软件，提供使站点保持最新和无错状态所需的工具。使用者可以很容易地管理网站的内容、超链接、页面和发布——所有这一切全都通过一个简单的界面来完成。FrontPage 使用方便，操作简单，会用 Word 就能做网页，因此相对于 Dreamweaver 等专业软件更容易上手。FrontPage 具有三个方面的特点：首先，拥有"所见即所得"的网页编辑环境，也就是说，用户在网页编辑窗口中看到的效果就是浏览器中显示的效果。即使你不具备写作网页的基础，也不懂 HTML 语言，也可在短时间之内整合构成网页的文字、图像、声音和其他元素，制作出一张亮丽的网页；其次，易学易用的操作界面，像其他 Office 套件一样，在 FrontPage 中集成了大量的网页模板和网站向导，让用户可以很方便快捷地制作出优美的网页，并且它还能够记录网站里面尚未完成或连结错误的网页，甚至当移动网站上的某个文件时，它也会自动更新链接到此文件的超链接，随时帮助制作者分忧解劳；再次，功能强大的新版本 FrontPage 融合了网页管理、网页编辑、网页发布和网站维护等多种功能，利用 FrontPage 制作的网页支持最新的网页标准，比如 DHTML、XML、CSS2 等，还可以让使用者很容易地在网页中加入 ActiveX Controls、plug-ins、Java applets、Java Script、VB-Script 等附件。该软件结合了设计、程式码、预览三种模式，在制作幼儿课件时使用 FrontPage 可以更加直观地对课件进行展示，能够吸引幼儿对学习的兴趣，同样可以制作动画网页等，生动形象地对课件内容进行展现。

FrontPage 提供了大量的组件，来尽量减轻用户的工作量，可以插入时间戳、导航栏、目录表格等，还可以插入各种特殊效果。插入菜单的高级部分就是为这个设计的，你可以插入各种 ActiveX 单元，如动态按钮、标题广告管理器、滚动

字幕、计数器等；也可以插入各种 FrontPage 组件，设置数据库信息；还可以插入各种表单域。如果你对这些操作不满意，也可以自己插入一些丰富的控件，这些就可以通过高级选项完成，实现插入 java 小程序、ActiveX 控件等。

FrontPage 是一个简单的 HTML 编辑工具，利用它可以直接生成 HTML 代码而不用手工输入，非常简单和方便。当然也可以在 FrontPage 中直接输入 JSP 代码，只需采用<%和%>来标记就可以了。FrontPage 软件可分为三部分：编辑网页的 FrontPage Editor、管理网站的 FrontPage Explorer 和提供网站功能的 FrontPage PWS。FrontPage Editor 编辑时有三个窗口：普通窗口，用来编辑网页内容；HTML 窗口，用来观看 FrontPage 自动生成的 HTML 代码，也可在该窗口中输入 HTML 代码；预览窗口，演示网页效果。以上三个窗口之间可以任意切换。

二、安装与启动

要使用 FrontPage 2003 必须先安装，在安装的过程中要先将以前使用的版本关闭，然后根据说明进行安装。

（一）FrontPage 2003 的启动

启动 FrontPage 2003 一般有以下几种方法。

1. 单击"开始"菜单→"所有程序"→"Microsoft Office"→执行"FrontPage 2003"命令，启动 FrontPage 2003 中文版。

2. 如果桌面上有 FrontPage 2003 快捷方式，在桌面上双击 FrontPage 2003 的快捷图标，启动 FrontPage 2003 中文版，同时建立一个新的网站启动 FrontPage 2003 后，屏幕显示 FrontPage 2003 应用程序窗口。窗口界面如图 5-1 所示。

图 5-1 FrontPage 2003 启动界面

3. 如果桌面没有 FrontPage 2003 快捷方式，可在"Microsoft Office"下右击"FrontPage 2003"，将其发送到桌面快捷方式。

（二）退出 FrontPage 2003

完成对某一个设计网页的操作后，可以关闭或退出 FrontPage 2003。退出

FrontPage 2003 的方法如下。

1. 在 FrontPage 2003 中单击"文件"菜单到"退出"命令。
2. 在 FrontPage 2003 窗口左上角双击窗口控制菜单按钮，如图 5-2 所示。
3. 按"Alt+F4"键或者单击 FrontPage 2003 窗口右上角的关闭按钮，如图 5-3 所示。

图 5-2 菜单按钮   图 5-3 关闭按钮

(三) 网站的基本操作

启动 FrontPage 2003 之后，系统将会自动打开一个网页，并自动将第一个空白网页命名为"new_page_1.htm"，用户可以直接在这个网页中开始制作。

1. 创建网站的方法

一种是利用 FrontPage 2003 中文版的选项卡菜单和模板快捷方式创建网站的大致结构，并进而利用其他技术进行修饰，使网站的整体框架有一定的模式，但是内容可根据自己的意图进行修改。另一种是不受向导和模板的束缚，遵照自己的意愿，一切从头开始，创建一个全新的网站。

创建一个全新的空白网站的过程如下。

(1) 首先执行菜单"文件"到"新建"命令，FrontPage 2003 中文版将自动在当前窗口的右侧打开"新建"任务窗格。

(2) 在"新建"任务窗格中单击"由一个网页组成的网站"或者"其他网站模板"，再打开的"网站模板"对话框选择"空白网站"或者"只有一个网页的网站"的模板的即可。在窗口右侧制定新网站的下拉框中，输入网站的目录和名称，单击"确定"按钮，即可生成含有一个空白页面的网站，如图 5-4 所示。

新建的空白网站不包括任何网页文件，但在网站中含有两个文件夹：一个是 private 文件夹，用于存放私人文件；另一个是 images 文件夹，用于存放网页中的图片文件。建立了空白网站，就可以在网站内添加其他相关文件，而且可以在空白网站内添加自己制作的网页，如图 5-5 所示，可以看到 private 文件夹和 images 文件夹。如果想新建网页，可在空白处右击选择新建命令。

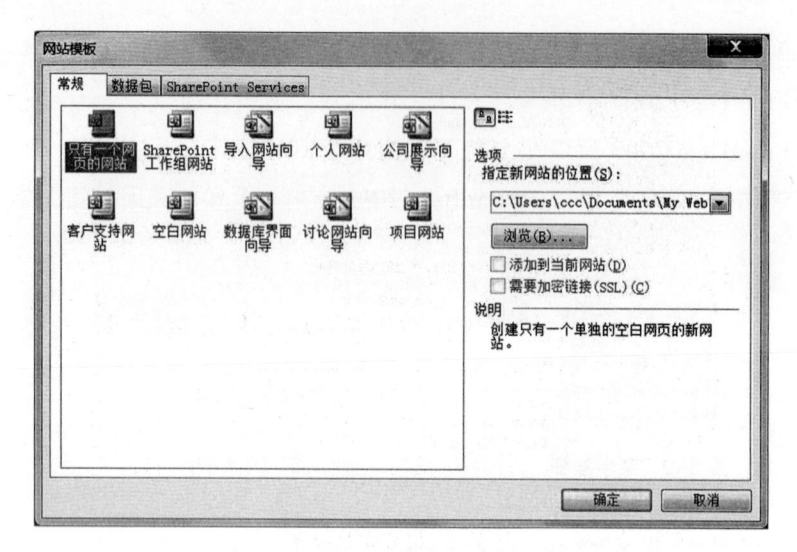

图 5-4　创建空白网页

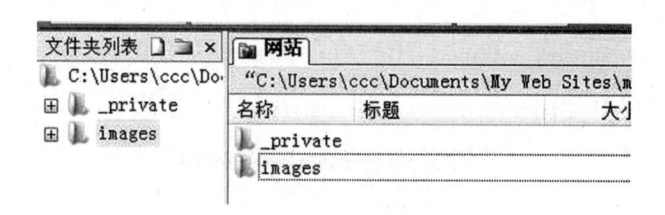

图 5-5　网站界面

2. 导入已有的网站

创建一个新的网站不仅可以使用模板和向导，还可以通过从本地计算机、Web 服务器或 Internet 上的导入操作来实现。通常已经存在的网站文件不仅包括 html 文件，还包括许多其他的素材，例如图像文件、动画、多媒体文件等。使用 FrontPage 2003 中文版的导入功能可以把这些有用的文件直接复制到自己的网站中。导入已有网站的操作过程如下。

（1）执行菜单"文件"到"导入"命令，打开"导入"对话框。
（2）单击"添加文件"按钮，打开"将文件添加到导入列表"对话框。
（3）选择一个或几个需要导入的文件，单击"打开"按钮，返回对话框。
（4）用同样的方法添加其他文件，最后单击"确定"按钮，完成导入操作。

3. 打开网页

打开网站最常用的方法是在 FrontPage 2003 中文版的窗口中执行菜单"文件"到"打开网站"命令，在打开的对话框中选择要打开的站点，如图 5-6 所示。

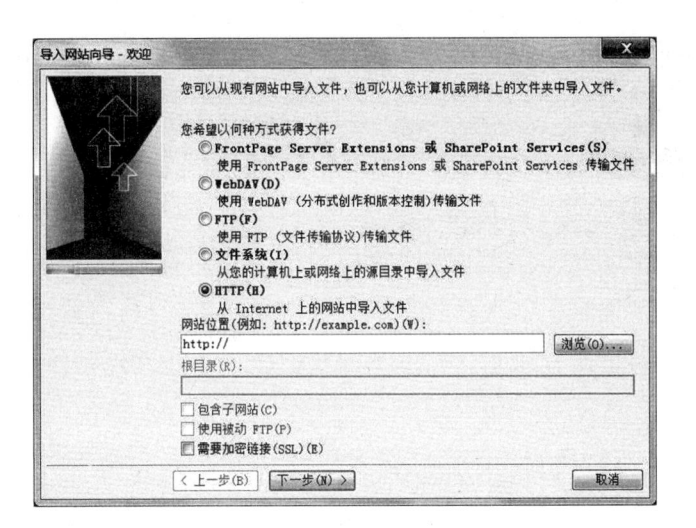

图 5-6　打开网站界面

4. 关闭网站

关闭网站的方法是在 FrontPage 2003 中文版的窗口中执行菜单"文件"到"关闭网站"命令，即可关闭已打开的站点，如图 5-7 所示。

图 5-7　关闭网站界面

5. 保存网站

网站的保存是以网页为单位进行的，对于打开的正在修改的网页，在"常用"工具栏中单击"保存"按钮即可。

在 FrontPage 2003 中文版中，第一次保存网页时，系统会打开一个"另存为"对话框，如图 5-7 所示。在对话框中制定网页文件保存到其他位置，或者是以一个新的文件名保存时，可以执行菜单"文件"到"另存为"命令，进行保存。

任务二　制作"幼儿课件制作"网页

在利用 FrontPage 2003 制作课件的过程中，我们首先要设计好网站的结构，包括网站的名称与栏目；其次，收集和加工网站所需素材，包括文字、图片、声音和视频的处理；再次，发布网站。下面我们以"幼儿课件制作"为例来看一下具体制作过程。

一、建立"幼儿课件制作"网站

建立网站是课件制作的基础阶段，也是重要的一个环节。在建立网站之前我们既要考虑通过哪种方法来创建（空白网页、文本文档、根据现有网页创建和其他网页模板），又要考虑后面网站的制作内容，需要添加哪些素材等。它们之间有必然的联系和不同的呈现方式，这些因素在我们制作之前都要考虑，并且要设计出网站基本流程。

1. 启动 FrontPage 2003，在"开始工作"任务窗格中选择"新建网页或网站"的命令，如图 5-8 所示。

图 5-8　新建网页或网站界面

2. 新建一个空白网站，如图 5-9 所示。

图 5-9　空白网页界面

3. 在"index.htm"主页中输入"幼儿园课件制作"。设置字符格式为隶书、36磅、紫红色，如图 5-10 所示。

图 5-10　主页设置

4. 将制作好的网页保存，名字为"幼儿课件制作"，如图 5-11 所示。

图 5-11　修改文件名

二、在"幼儿课件制作"中插入图片文字

网页是信息的载体,文字是信息的表达方式,因此网页上不可缺少文字,在 FrontPage 2003 网页的制作过程中,往往需要在图片上面加上文字,通过改变字体、字号、段落、项目符号等操作来设计网页中的文字信息。由于 FrontPage 2003 本身不是图片编辑软件,所以不能直接在图片增加文字,但是可以间接实现这种效果。具体来说就是通过设置背景图片的格式,再插入文本框的方法来实现。下面我们以"幼儿课件制作"为例具体来说一下制作过程。

1. 启动 FrontPage 2003,打开"幼儿课件制作"网站,如图 5-12 所示。

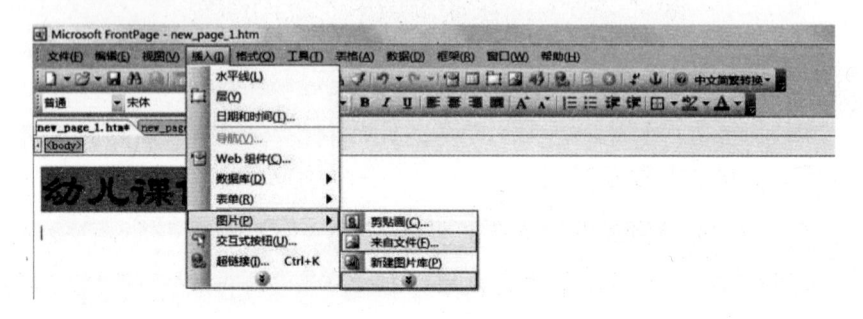

图 5-12 打开"幼儿课件制作"网站

2. 找到图片文件在电脑上的存放位置,并打开该文件夹,选择该图片文件,在网页中插入文字背景图片,如图 5-13 所示。

图 5-13 网页中插入背景图片

3. 在工具栏上找到文本框按钮,单击文本框,在图片文本框上输入文字内容,

如图 5-14 所示。

图 5-14 图片上插入文字

4. 设置文字格式与段落格式。

将文字选中,选择格式下拉菜单的段落,将行距改为 1.5 倍行距,首行缩进 2 字符,字符间距改为 1,将字体改为隶书,24 磅,红色,按照如图 5-15 所示进行设置。

图 5-15 段落设置

三、在"幼儿课件制作"网页编辑素材

"幼儿课件制作"网页制作好后,我们需要对相应的素材进行编辑和修改。主要包括文本操作(设置字体、字号、间距、颜色),段落设置(行距、首行缩进、段前与段后间距、项目符号与编号),图片的操作(插入图片、设置大小、对齐方式等),超级链接,表格操作,表单操作,动态效果,滚动字幕等。

1. 字体的操作

字体的编辑主要是字体、字号的修改,以及字体颜色及装修效果的修饰,与 Word 2003 中文版相似。

2. 段落的操作

段落的编辑属性主要有对齐方式、首行缩进、段前段后距、段落间距等,与 Word 2003 中文版相似。

3. 项目符号和编号

FrontPage 2003 中文版的项目符号和编号功能与 Word 2003 中文版相似,也是通过"格式"下拉菜单到"项目符号和编号"命令,在弹出的"项目符合和编号方式"对话框中进行设置的。

4. 插入图像

选择"插入"下拉菜单,找到"插入图片",可以选择存放在固定位置的图片。图像在 FrontPage 2003 中文版中分为图片和动态视频两类,应用较多的是图片,通过适当的放置图片可以起到美化网页、吸引浏览者的作用。

(1)执行"插入"菜单到"图片"选项到"来自文件"命令,弹出"图片"对话框。

(2)单击"图片"对话框中的"打开"按钮,弹出"选择文件"对话框,选择需要插入的图片,单击"确定"按钮即可完成操作。

5. 编辑图片

在网页编辑框中,当插入图片之后,即可出现图片格式选项,选中图片,拖动图片边框可改大小。拖动图片可改变在网页中的位置。另外,选择图片后,在界面窗口的下面将显示图片编辑工具栏,包括各种图片编辑工具,如在图片中添加文字、调整位置。要注意的是,当调整完图片大小后,程序将会以新的图片大小来保存图片。

(1)设置图片的属性。

图片的属性一般指图片的一些内部性质，如源文件、格式参数、显示方式、对齐方式、边框和留白等。

(2) 插入图片的原则。

① 数量不可太多（太多会冲淡主题，分散学生的注意力）。

② 要与课件内容结合比较紧密，能突出课件的重点，所选取的图片要与课件内容紧密联系，避免选取不合适的图片。

③ 对于所插入的图片要进行技术处理。我们通过各种渠道得到的图片不一定非常符合我们的制作意图和审美情趣，因此可以用 ACDSee、Fireworks、Photoshop 等软件对图片进行处理，如进行剪切、拼接、大小调整、色调处理、亮度处理、添加文字等。

④ 装饰性图片尽量少用或不用。课件中装饰性图片的运用一定要慎重，用好了能烘托气氛，用不好则会分散学生的注意力。用的原则是图片与课件的内容要有一定关系，不要用没有任何关系的纯装饰性图片。

⑤ 采用不同的插入方式。网页文字内容较少可直接在网页上插入，网页文字较多可插入图片链接或建立下一层网页插入图片，还可运用缩略图或图片库。

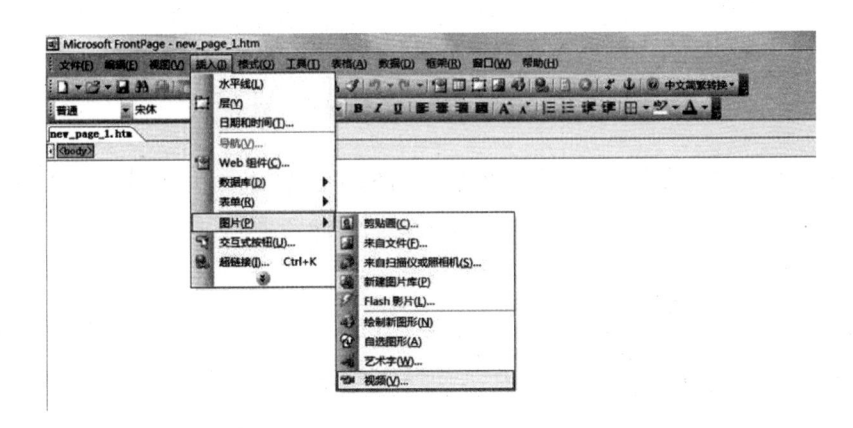

6. 插入视频及 flash 影片

视频及 flash 影片的插入方法与图像的插入方法相似，使用"插入"菜单到"图片"选项到"视频"命令或"flash 影片"命令，打开"选择文件"对话框，从中选取需要的视频或 flash 影片即可，如图 5-16 所示。

图 5-16 插入视频及 Flash 影片

任务三　修饰网络课件

对于初步制作好的网络课件，我们还不能直接发布，需要对相应的背景和效果进行修饰和美化，通过本任务的学习可以掌握对网络课件的基本修饰，在网络课件中添加动态效果的方法和步骤，如在网络课件中创建超链接和在网络课件中插入课程表等内容。

一、对网络课件进行修饰

在制作网络课件的过程中，我们常常需要对网络课件进行修饰和加工，巧妙的使用背景及水平线可以提高网站的效果，并且使用水平线可以在网页中明确地划分相对独立的内容，使浏览者一目了然，便于浏览。下面我们分别介绍网络课件的背景制作和背景修饰的过程。

（一）网络课件背景制作

1. 打开"幼儿园课件制作"网站，如图5-17所示。

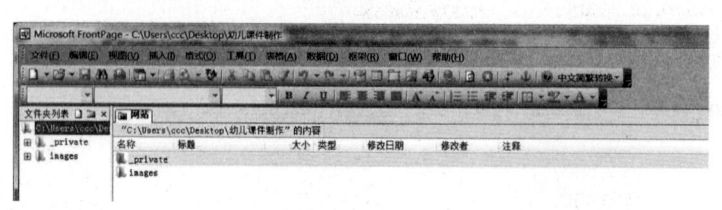

图5-17　打开"幼儿园课件制作"网站

2. 在右侧空白区域右击，选择新建空白网页。新建"小猪佩奇"网页，如图5-18所示。

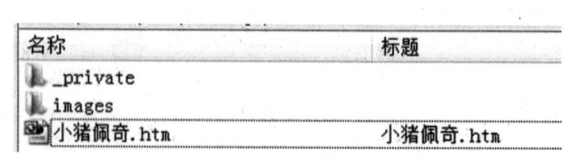

图5-18　新建"小猪佩奇"网页

3. 选择格式下拉菜单，单击背景，打开"插入背景"对话框，插入网页背景，如图5-19所示。

图 5-19 插入背景界面

4. 输入标题文字，设置字符字形为隶书，字体 36 磅，加粗显示，居中对齐方式，红色，如图5-20所示。

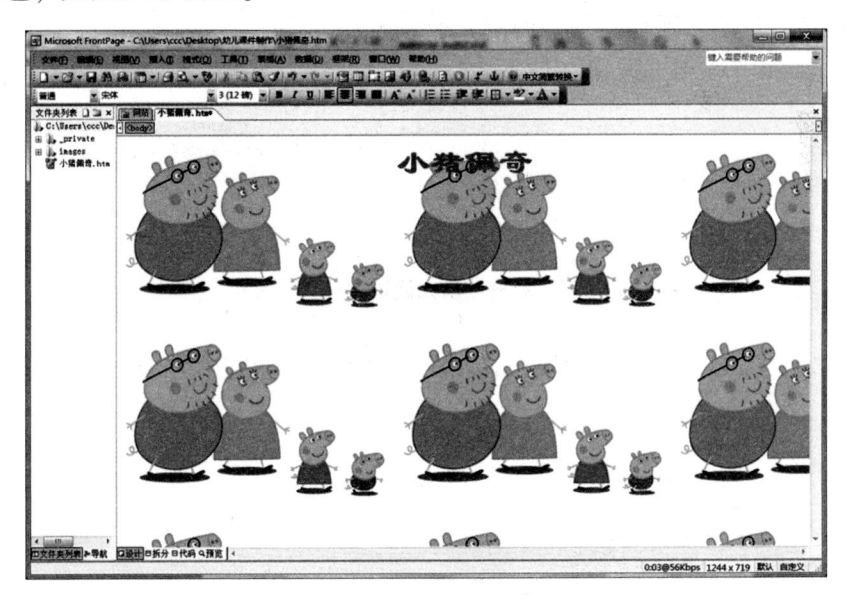

图 5-20 标题设置

5. 插入水平线分隔网页结构，设置水平线格式宽度为100、高度为4，居中对齐方式，黑色，设置如图 5-21 所示。

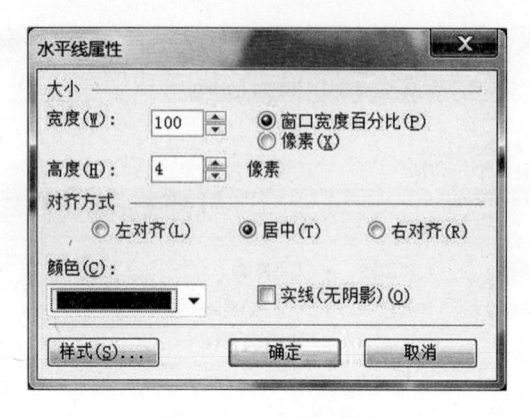

图 5-21　水平线设置

（二）网络课件背景修饰

背景就是网页的底色，它可以起到美化网页和衬托网页内容的作用，背景可以是一种颜色，也可以是一张图片。

1. 背景操作

背景可以是系统里自带的颜色，也可以是切合网页主题的一张图片。

给网页添加背景有两种方法。

（1）选择格式下拉菜单选择背景，即可为该网页添加背景，如图 5-22 所示。

（2）为一张网页添加背景时，只要在网页空白的地方单击鼠标右键，在弹出的快捷键菜单选中选中"网页属性"选项，弹出"网页"对话框，在"网页属性"对话框中单击"格式"选项卡，如图 5-23 所示。

2. 插入水平线

（1）执行"插入"菜单到"水平线"命令，就会在网页中的当前位置插入一条水平线，如图 5-24 所示。

图 5-22　背景选项　　　图 5-23　网页属性选项　　　图 5-24　水平线选项

（2）用鼠标右键单击水平线，选择"水平线属性"选项，弹出"水平线属性"对话框，即可设置水平线的"高度"、"对齐方式"、"宽度"、"颜色"、"实线"等属性，如图5-25所示。

图5-25 水平线属性对话框

二、在网络课件中添加动态效果

网络课件的制作过程常常要添加动态效果，才能够达到生动有趣的效果，好的动态效果不仅能够表达出制作者的思想，而且还能够提高对幼儿的吸引力，调动幼儿的积极性和兴趣，让幼儿密切关注教师的教学内容，从而提高教学效果。

1. 打开"幼儿园课件制作"站点中"小猪佩奇"网页，如图5-26所示。

图5-26 "小猪佩奇"网页

2. 给"幼儿课件制作"网页中的"讲故事"添加互交式按钮，并设置按钮样式。

交互式按钮是网页动态元素之一，它不但能起到美化网页的作用，而且更重要的是，当鼠标放在交互式按钮时，交互式按钮会根据用户事先设定显示出各种动态效果和颜色。

（1）按钮1内容设置为首页，如图5-27所示。

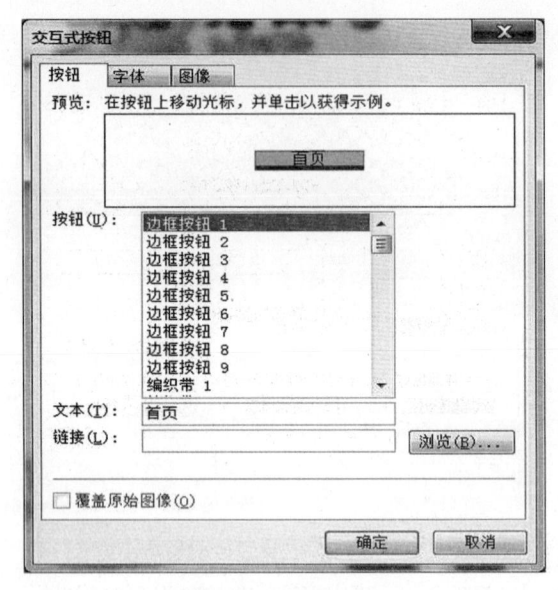

图 5-27 设置按钮 1

（2）选择图像选项卡，将按钮大小设置为 120，50（注：修改的时候需将"保持比例"前的打钩去掉），将按钮设置为透明色，如图 5-28 所示。

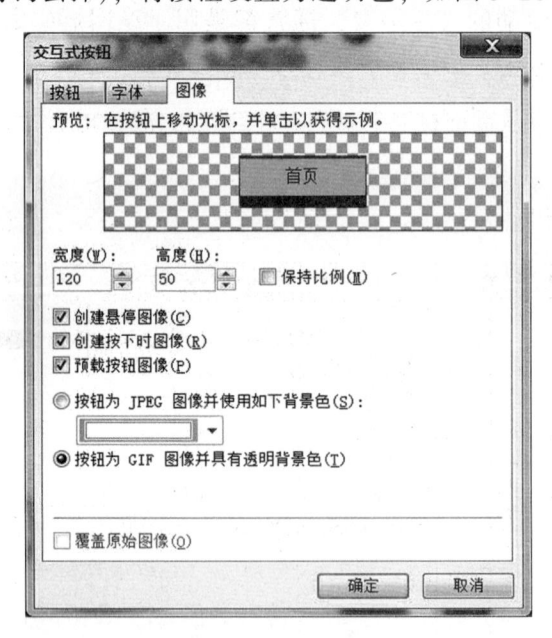

图 5-28 图像选项卡

（3）将字体设置为幼圆、加粗，字号为 16 号，初始颜色为蓝色，悬停颜色为紫色，按下时颜色为红色，水平垂直居中对齐，如图 5-29 所示。

图 5-29 字体选项卡

3. 在网页中添加滚动字幕动态效果。

字幕可以显示滚动的文字消息，通常都是用于在网页中发布一些临时的消息或通知。在网页中加入字幕的操作具体如下。

（1）打开"小猪佩奇"网页，选择插入下拉菜单下的 web 组件，如图 5-30 所示。

（2）打开 web 组件对话框，选择动态效果下的"字幕"，如图 5-31 所示。

图 5-30　Web 组件选项

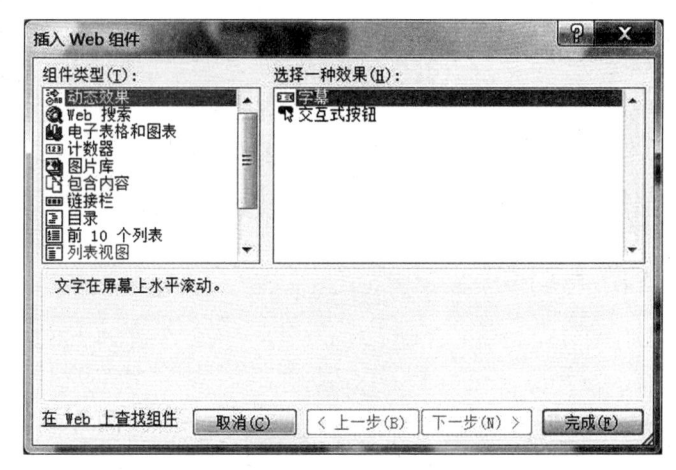

图 5-31　字幕效果

(3)在文本内输入"小猪佩奇"故事的内容,方向选择左,延迟选择90,数量选择6,表现方式为滚动条,如图5-32所示。(注:参数可以根据自己制作的网页的大小、内容的多少进行更改,选择合适的参数即可。)

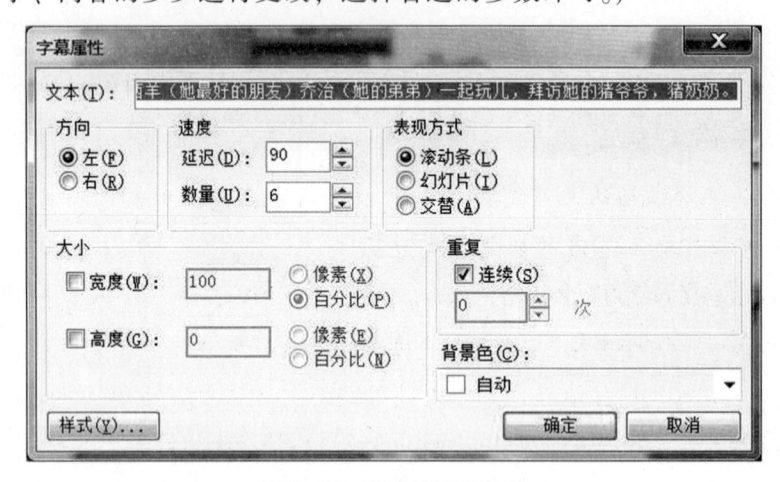

图5-32 字幕属性对话框

交互式按钮与字幕设计

交互式按钮色彩丰富并具有专业化的外观,就像使用高级图像编辑工具创建的一样。与标准按钮不同,当您将鼠标指针移至按钮上方或单击时,其外观会发生变化。字幕是一种信息的传递和表达,尤其是滚动的字幕更能够吸引幼儿的注意力。

(一)交互式按钮

交互式按钮是网页动态元素之一,它不仅能起到美化网页的作用,更重要的是,当鼠标放在交互式按钮上时,交互式按钮会根据用户事先的设定显示出各种动态效果和颜色。

1. 在FrontPage 2003中执行"插入"菜单到"web组件"选项到"交互式按钮"命令,弹出"交互式按钮"对话框。

2. 在"交互式按钮"对话框中有3个选项卡:

"按钮"选项卡中可设置按钮样式,在"文本"编辑栏中输入需要按钮显示的内容,在"链接"文本框,输入需要链接的文件的URL。

3. "文字"选项卡中除可设置文字的字体、字形和字号外,还可根据用户的需要,设计当鼠标经过按钮时文字的动态效果,比如初始字体颜色、悬停时字体颜色及按下时字体颜色,并可设置文字在按钮上的位置,水平对齐方式或垂直对齐方式。

"图像"选项卡中可设置按钮的大小及背景显示效果等项目。

（二）字幕

字幕可以显示滚动的文字消息,通常都是用于在网页中发布一些临时的消息或通知,在网页中加入字幕的操作方式如下,

1. 在FortontPage2003中执行"插入菜单"→"Web组件"命令,弹出"Web组件"对话框从"组件类型"中选择"动态效果"下的"字幕"效果。

2. 在"字幕属性"对话框中可以对字幕进行文本内容、移动方向、移动速度、移动方式、文本效果的重复次数、字幕背景颜色的设置。

三、在幼儿课件中添加超链接

网页的强大之处就在于它的超链接,在浏览器中通过单击网页中的超链接,可以很方便的打开另外一个网页或者图片、文件邮件地址等。

超链接（HyperLink）的出现使网上浏览变得更加便捷,只须用鼠标轻轻点击,便能轻松地从一个页面跳转到另一个页面,从一个Web站点跳到另一个Web站点,从一个国家跳到另一个国家。超链接就是一些特殊的文本或图像,是其它页面的入口。我们在课件制作中经常使用超链接,超链接的形式主要有三种:

1. 与当前web站点的页面建立超链接

（1）在FrontPage中打开要建立超链接的页面（若是新建页面,则要肯定该页面已被保存）,选中超链接源,超链接源可以是一个字符、一个单词、一句话或一幅图片等。

（2）选择"插入"菜单中的"超链接"命令,或单击"常用"工具栏的"超链接"按钮,则弹出"插入超链接"对话框（如图5-33）,在该对话框中列出了当前FrontPage中打开的Web站点中的文件夹和文件。

（3）在该对话框的文件列表中,选择要建立链接的目标文件。

（4）单击"确定"按钮,超链接建成。

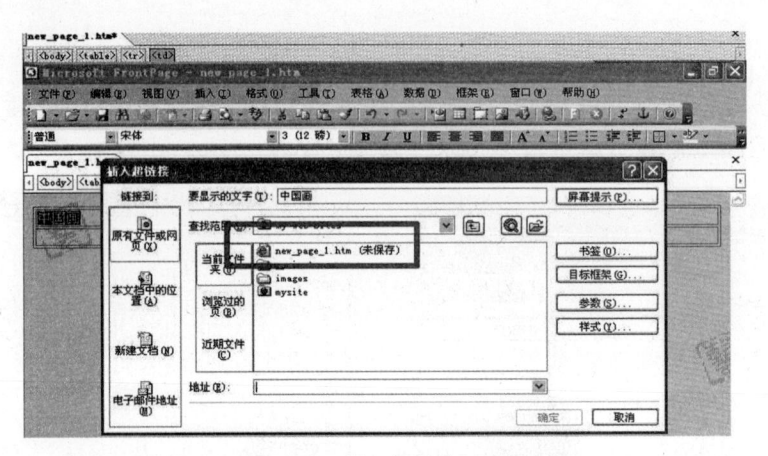

图 5-33 插入超链接对话框

2. 与本机中的其它文件建立超链接

(1) 选择超链接源，打开"插入超链接"对话框。

(2) 在该对话框中单击"制作一个链接到您计算机上文件的超链接"按钮，然后从弹出的对话框中找到自己所要链接的文件，选中它。

(3) 单击"确定"按钮，超链接建成。

3. 与 world wide web 上某一站点建立超链接

(1) 在 FrontPage 中打开欲建超链接的页面，选定超链接源。

(2) 选"插入"菜单中的"超链接"或单击常用工具栏的"超链接"按钮，弹出"插入超链接"对话框。

(3) 在"URL"文本框中，输入超链接目标的 URL，如果不清楚要作超链接的地址，只要单击 URL 地址框后面的放大镜就可以用浏览器在 Internet 上查找要链接的网页，Frontpage 会自动记录找到的地址。

(4) 单击"确定"按钮。

四、在"幼儿课件制作"网页中插入一个课程表

在"幼儿课件制作"的过程中，我们常常需要插入表格，并且对表格进行编辑和修饰，还需要在表格中插入文字、图片等。FontPage 2003 借鉴了 Word 字处理软件表格的功能，又针对网页制作过程中的一些特殊情况进行了相应处理，使操作者得心应手。通过对本任务的学习，让幼儿教师了解用表格来规划网页，会使网页结构显得清晰明快。在网页制作中，引导幼儿教师用表格来规划网页，为以后网页的开发设计打下一个良好的基础。

(一) 插入表格

1. 单击表格下拉菜单，"插入表格"按钮，如图 5-34 所示。
2. 根据插入表格设置，添加一个 7 行 5 列表格，如图 5-35 所示。

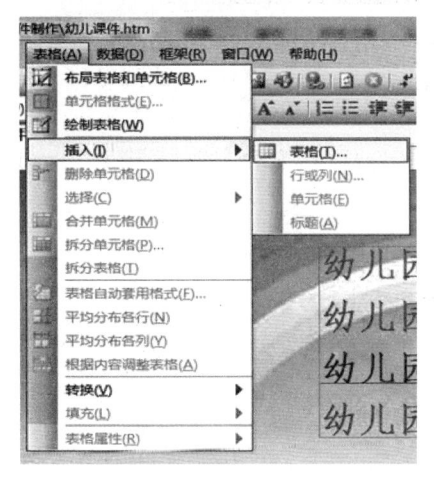

图 5-34　插入表格选项　　　　图 5-35　插入表格设置

3. 在插入的表格内输入内容，如图 5-36 所示。

课程表				
	第一节	第二节	第三节	第四节
周一	唱歌	跳舞	手工	课外活动
周二	跳舞	讲故事	手工	课外活动
周三	讲故事	唱歌	手工	课外活动
周四	手工	讲故事	跳舞	课外活动
周五	手工	唱歌	讲故事	课外活动

图 5-36　表格中输入内容

4. 表格的设置操作可以拆分单元格、合并单元格、修改行列参数等，如图 5-37 所示。

(二) 美化表格

1. 设置表格的标题

在 FrontPage 2003 中可以为表格添加一个标题，如图 5-38 所示。

(1) 选择"插入"→"标题"命令。
(2) 为表格加上标题。
(3) 为标题设置合适的位置。

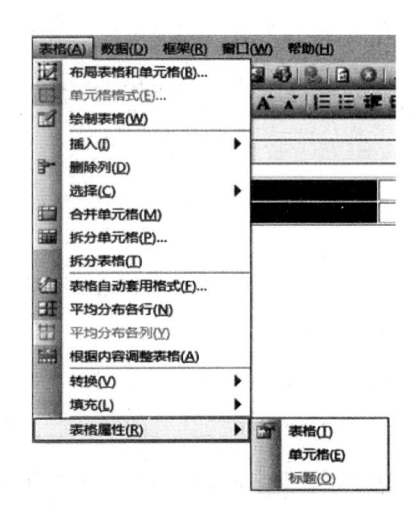

图 5-37　表格设置

2. 修饰表格

用户可以根据自己的需要设置表格样式，也可以选择自动套用表格的样式来制作表格，如图 5-39 所示。

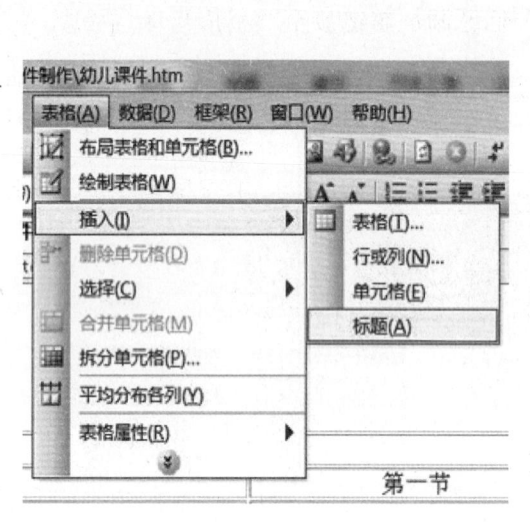

图 5-38　表格添加标题

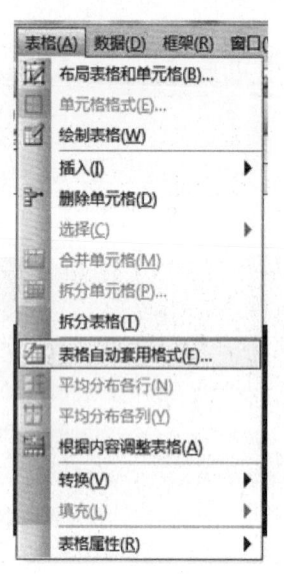

图 5-39　表格自动套用格式

3. 设置单元格属性

用户可以根据自己的需要设置单元格属性，如图 5-40 和图 5-41 所示。

图 5-40　表格属性选项

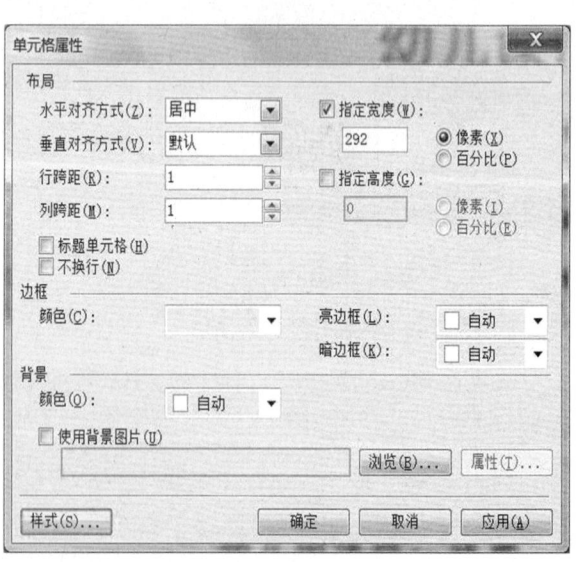

图 5-41　单元格属性

培养能力

给主网页设置超链接,将故事、舞蹈、手工等分别制作超链接到合适的网页。

1. 打开"幼儿园课件制作"站点主页,如图 5-42 所示。
2. 为"幼儿园课件:讲故事"标题添加超链接至"小猪佩奇"网页。
(1)选中文字"幼儿园课件:讲故事"
(2)单击插入选项卡下的超链接,打开超链接对话框,设置如图 5-43 所示。

图 5-42 "幼儿课件制作"网页   图 5-43 超链接选项

(3)将文字"幼儿园课件:讲故事"链接到"小猪佩奇"网站,如图 5-44 所示。

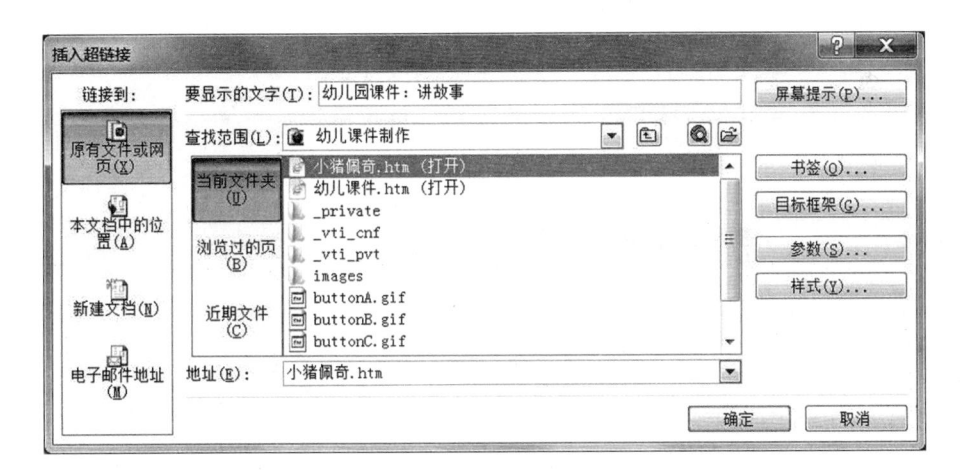

图 5-44 超链接对话框

一、超链接的种类

合理的使用超链接可以快速到达指定的网页、表格等内容，方便管理，还可以集中保存所需要的网址、文件链接，需要时点击超链接就可以即时打开。

1. 设置文字的超链接

打开网页文件，选择要建立超链接的文字，然后单击鼠标右键，在弹出快捷菜单中选择"超链接"选项，弹出超链接设置窗口，然后在列表中选择要超链接的网页文件，确定后，就可以看到超链接已建立好了。注意，在网页编辑窗口按住"Ctrl"键，点击超链接就可以打开超链接指向的网页。

2. 设置图片的超链接

用鼠标右击要设置超链接的图片，在快捷菜单中选择"超链接属性"选项，然后设置要链接的文件，也可以链接图片、E-mail 地址等。

3. 管理超链接

一个网站的超链接就像一张网一样，网住了网站的所有文件。

执行"视图"菜单→"超链接"命令，打开超链接的管理窗口，在这个窗口中，可以看到各个文件相互间的链接情况。例如，要看"index.htm"网页中链接了哪些文件，又被哪些文件链接，可以在旁边的文件夹窗口中选择该文件，然后即可在链接示意窗口中查看了。也可以在超链接的示意窗口直接展开某个文件的上、下超链接。

4. 热点

热点也称为图片映射，是指在网页上一幅图片的不同位置存在着链接到不同网页的超链接。

5. 定义超链接的颜色

在默认情况下，FrontPage 2003 中文版对未访问的超链接的颜色设置是蓝色，已访问超链接的颜色是紫色。超链接颜色的设置是在"网页属性"对话框中完成的。

6. 书签

书签是网页中被标记的位置或被标记的文本，书签所起的作用就是定位。在 FrontPage 2003 中有三种书签：文本型书签、空白型书签和图片型书签。文本型书签设定的目标是文本；空白型书签就是将书签定位在网页的一个空白位置；图片型书签就是将网页中的某一图片定义为书签。插入书签可利用"插入"菜单中的"书签"命令完成。

7. 创建外部超链接

在网站中,不仅能够在网页之间建立内部链接,还能在网页与外部的文件之间建立外部超链接。

选中导航视图中的某个网页,单机鼠标右键,在弹出的快捷菜单中选中"外部超链接"选项,弹出"选择超链接"对话框,在"URL"文本中输入外部链接的 URL,单击"确定"按钮,即可完成创建外部超链接的操作。

二、FrontPage 2003 的表格及功能

FrontPage 2003 中的表格与 Word 等其他应用程序中的表格插入操作基本相同,其主要作用是存放数据和组织布局页面。它借鉴了 Word 文字处理软件的表格功能,又针对网页制作过程中的一些特殊情况进行了相应处理,使用户在使用过程中得心应手。

(一) 在 FrontPage 2003 中创建表格的主要方法

1. 使用工具按钮创建

使用工具栏中的"插入表格"按钮创建表格,如图 5-45 所示。

2. 使用命令创建

图 5-45 插入表格按钮

通过命令创建表格的具体操作:

(1) 选择"表格"→"插入"→"表格"命令;
(2) 弹出"插入表格"对话框;
(3) 输入表格的行数和列数值;
(4) 确认插入表格。

3. 自由绘制表格

使用表格下拉菜单的绘制表格,用户还可以根据自己的需要绘制表格。

(二) 在 Word 当中有文本与表格相互转化的功能,在 FrontPage 当中也可以实现。将文本转换成表格的具体操作步骤:

"文本转换成表格"对话框的"文本分隔符"选项组中包括 5 个选项,其功能如下:

段落标记:表示使用分段符号作为表格的行标识,它是系统默认的分隔符,

在转换过程中，原文本中的每一段作为一个单元格。

制表符：表示使用制表符作为表格的行标识，在转换过程中，原来文本中的每一个制表符号两侧的内容作为一个独立的单元格。

逗号：标识使用逗号作为表格的行标识，在转换过程中，原文本中每个逗号两侧的内容作为一个独立的单元格。

无（文本位于单元格中）：表示不使用任何符号作为表格的行标识，所有的文本成为单独的一个单元格。

其他：表示不使用上面几种符号作为表格的行标识，选中该单选按钮然后在其右侧的文本框中输入需要用来作为表格行标识的其他符号。

（三）布局单元格

FrontPage 2003 中提供了多种样式的表格模板，可以根据自己的使用需求来使用这些表格模板，能够快速设置表格的格式。除了可以插入和绘制布局表格外，用户还可以使用布局表格模板来创建布局表格。FrontPage 2003 中所提供的使用布局模板创建布局表格，实际上就是在布局表格中插入若干个布局单元格。

1. 创建布局单元格方法

（1）选择"表格"下拉菜单下的"布局表格和单元格"命令，打开"布局表格和单元格"任务窗格。

（2）在"表格布局"列表框中选择所需的模板，然后单击该模板，即可在网页中创建一个布局表格。

创建布局单元格主要包括在空白网页中插入布局单元格和在布局表格中插入布局单元格。在空白网页中插入布局单元格与插入布局表格的区别是，插入布局表格是在网页中的插入点后插入，而插入布局单元格可以在网页中所选内容前、所选内容后或包含所选内容 3 种不同的方式下插入。

2. 设置单元格格式

在创建布局表格后，需要对其进行整体或局部的调整。FrontPage2003 中新增了单元格格式功能，通过该功能可以设置布局单元格的属性、边框、表头和表尾、角部和阴影等。

（1）设置布局单元格的属性。

布局单元格的属性包括其高度、宽度、垂直对齐方式、背景颜色等。

（2）设置表头和表尾。

FrontPage 2003 中定义了布局单元格的表头和表尾，可以在表头添加标题，也可以在表尾添加脚注，还可以设置其属性。

（3）设置角部和阴影。

在 FrontPage 2003 中可以对布局单元格的表头和表尾设置角部和阴影，使其更美观、更协调。

3. 在网页中绘制单元格

在布局表格中不仅可以插入布局单元格，还可以绘制布局单元格。在布局表格中插入布局单元格与在空白网页中插入的方法相似，下面主要介绍在布局表格中绘制布局单元格的方法，其具体操作步骤如下：

（1）选择"表格"下拉菜单的"布局表格和单元格"命令，打开"布局表格和单元格"任务窗格。

（2）在"新建表格和单元格"选区中单击"绘制布局单元格"按钮，当鼠标指针变成向右偏转的实心箭头形状时，将鼠标指针移至布局表格中的合适位置，然后按住鼠标左键拖动至目标位置释放鼠标左键。

在布局表格中不但产生了一个新的布局单元格，而且该布局单元格的 4 条边自动延长到原布局表格的边沿，它将原布局表格分成 9 个小单元格。当用户在其他 8 个小单元格中输入内容后，这些小单元格就会自动变成布局单元格。

提示：在布局表格中所绘制的布局单元格的起点可以在原布局表格中的任意位置，如果所绘制的布局单元格的起点与原布局表格的起点重合，那么所绘制的布局单元格将原布局表格分成 4 个小单元格，当用户在其他 3 个小单元格中输入内容后，这些小单元格就会自动变成布局单元格。

资源拓展

如何利用 FrontPage 创建教师个人网站[①]

一、设计网站的结构

（一）确定教师个人网站的名称与栏目

每一个网站都有自己的名称和栏目。网站名称与栏目的设计应该注意从以下

[①] 如何利用 FrontPage 创建教师个人网站［EB/OL］．［2009-12-23］．http://rsr4426390.blog.163.com/blog/static/61703152009112311614372/．

几个方面考虑：

1. 网站名称既要体现网站的内容，又要有吸引力。

2. 网站栏目是网站内容的目录。

3. 网站栏目的设计应以服务教学为主要目的。

（二）规划网站的结构

网站的结构是指网站中各个网页之间的关系。应在确定网站栏目的基础上，确定网站的层级结构。

二、创建教师个人网站

1. 创建站点

（1）创建与保存站点的过程。

启动 FrontPage 程序→"文件"→"新建"→"站点"→"只有一个网页的站点"→在"指定新站点的位置"列表框内，输入站点文件夹的存放位置以及文件夹的名称→确定。

（2）新建站点后系统默认的文件夹和网页文件的作用。

创建完站点后，将会出现文件夹列表，如图 7-5 所示。FrontPage 自动创建 "_private" 与 "_images" 两个子文件夹以及一个名为 "index.htm" 的网页文件。子文件夹用来分类存放网页、图象、动画等不同类型的文件，例如 "_private" 文件夹可以用来存放图象文件。"index.htm" 是站点通常默认的首页文件。

2. 新建子文件夹

右键单击站点文件夹→新建文件夹→输入名称→确定。

3. 新建网页

（1）建立空白网页、保存新建的网页。

文件→新建→网页→普通网页→确定

文件→保存文件→选择站点文件夹→命名网页文件→保存

（2）建立框架页并保存。

文件→新建→网页→框架网页选择一种（如：目录或横幅和目录）→点击 "确定"按钮→分别点击新建网页按钮；拖动框架线可调节框架大小，右击框架线→选择框架线属性菜单项→可以指定其宽度，是否显示滚动条等→确定。

保存框架页：点击保存按钮→选择文件名文本框，输入名称如：zuo1→点击确定→另存为对话框打开后选择文件名文本框，输入名称如：you1→点击保存→

另存为对话框打开后选择文件名文本框，输入文件名如：index→点击确定。

三、编辑网页

准备：双击某一网页名称，打开网页即可进行编辑。

使用 FrontPage 中的表格、文字编辑、图片编辑和链接设置等工具，可以对每个网页进行布局、输入文字、编辑文字、插入图片和制作超级链接等操作。

1. 利用表格布局页面

（1）表格的作用：

① 格式化数据；

② 在页面制作中，安排和定位网页文本和对象。

（2）创建表格的方法：

① 利用"表格"菜单的"插入"表格；

② 使用工具栏中的"插入表格"按钮；

③ 利用"表格"菜单的"绘制"表格。

（3）设计表格属性。

光标置于任意单元格→右击→表格属性→设置表格的高、宽、边框粗细、单元格边距、单元格间距等→确定。

（4）调整单元格。

光标置于相应单元格内→右键单击→单元格属性→设置该单元格属性（指定宽度、高度）→确定。

2. 输入与编辑文字

与 Word 操作类似。在一行结尾后，先按着［Shift］键，再按回车就可以不隔行跳到下行上，［Shift］+［Enter］是一种很好控制段落关系的快捷方法。

3. 插入与设置图片

（1）插入图片。

将光标定位→插入→图片→来自文件→浏览→选择图片→确定。

（2）设置背景图片。

① 单元格背景图片：光标定位→右键单击→单元格属性→选择背景图片→浏览→选择→确定。

② 网页背景图片：光标置于网页的任意位置→右键单击→网页属性→"背景"选项卡→"背景图片"复选框→点击浏览→选择要插入的图片→确定。

(3) 保存图片。

插入图片后→文件→保存→保存嵌入式文件对话框→点击"改变文件夹"按钮→选中网站文件夹下的"images"子文件夹→确定。

4. 设置网页背景音乐

(1) 插入：光标置于网页的任意位置→单击右键→网页属性→选择"常规"选项卡→点击"背景音乐"位置处的"浏览"按钮→选择文件→确定。

(2) 保存：保存背景音乐文件的方式与保存图片文件的操作相似，只不过要将"背景音乐"文件保存在"audio"子文件夹下。

自助餐厅

1. 打开已建网站"幼儿园课件制作"，新建"幼儿课件1"，输入"返回首页"，将"幼儿课件1"网页保存至"幼儿园网络课件"网站，类型为.htm。

2. 新建一个网站，名字为"幼儿讲故事"；在此网站内添加北京图片，图片内容可以自己上网下载，与自己讲故事的主题要贴切；在网页内添加讲故事的内容，要求故事生动有趣，符合幼儿故事的定位。

3. 新建一个网页，标题为"米老鼠和唐老鸭"；给该网页添加背景图片为"米老鼠和唐老鸭"的主题图片；添加动态字幕，动态字幕的内容为"米老鼠和唐老鸭"的故事内容，要求动态字幕自左向右滚动播出，字体字号可根据自己喜好设置。

4. 制作一个网页，并插入一个自制的课程表，该课程表要符合幼儿园的课程安排。试比较 FrontPage 与 Word 的表格的相同之处和不同之处。